本书由中共中央党校（国家行政学院）创新工程资助出版，为"中国式现代化道路与人类文明新形态研究"项目科研成果之一。

马晨 著

黑格尔的规范性理论研究

人民出版社

目 录

导　言　分析哲学视域下的黑格尔哲学与规范性问题 1

第一章　一种黑格尔式的规范性理论是否存在 35
　　第一节　塞拉斯等人论"理由空间" 36
　　　　一、"所予神话"批判 37
　　　　二、规范性和科学自然主义 43
　　第二节　康德哲学的"规范性转向" 47
　　　　一、范畴与规范 49
　　　　二、道德法则与人类行动 53
　　第三节　黑格尔的康德批判及其规范性理论的确立 58

第二章　概念、判断与规范性 67
　　第一节　概念的规范性 68
　　　　一、概念与绝对理念论 68
　　　　二、相互承认与自我的社会化 73
　　　　三、具体概念及其规范效力 78

第二节　从概念到判断 87

　　第三节　判断形式及其规范性 93

　　　　一、实有判断 94

　　　　二、反思判断 96

　　　　三、必然判断 98

　　　　四、概念判断 99

第三章　从概念到行动：法的规范性 102

　　第一节　理论范畴与社会范畴 102

　　　　一、理性主义和经验主义的规范性之争 105

　　　　二、体系哲学及其方法 110

　　　　三、法的逻辑学基础和社会范畴 115

　　第二节　法的规范性 120

　　　　一、法的概念 120

　　　　二、理性与现实 124

　　　　三、意志和自由 134

第四章　占有、契约和惩罚 140

　　第一节　财产问题和承认 142

　　　　一、私有财产的产生 142

　　　　二、承认作为黑格尔法权体系的规范性基础 146

　　第二节　契约 159

　　　　一、契约关系的一般理解 159

　　　　二、对社会契约论的批判 162

　　　　三、原子主义 165
　第三节　犯罪与惩罚 170

第五章　道德行动与良知 178
　第一节　黑格尔道德概念的发展 179
　　　　一、从伯尔尼到法兰克福 180
　　　　二、耶拿时期"道德"概念的发展 182
　　　　三、《法哲学原理》中的道德和伦理 184
　第二节　道德义务和道德主体 186
　第三节　良知规范和伪善 195

第六章　伦理世界的规范性 202
　第一节　伦理秩序 204
　第二节　自由精神与黑格尔的伦理教育 208
　第三节　家庭、市民社会和国家 221
　　　　一、家庭 221
　　　　二、市民社会 226
　　　　三、国家 230

结语　绝对和规范：如何过一种黑格尔式的伦理生活 236

参考文献 242

导 言
分析哲学视域下的黑格尔哲学与规范性问题

一、研究缘起

规范，作为指导和制约我们行动以及思维的规则，在中西方哲学传统中都占据着极为重要的地位。柏拉图把宇宙看作是一个有秩序的世界，正义等德性将天地万物联系在一起，神与人的行动最终都要受到规则的约束，这样一来，宇宙就"呈现为一种井井有条的整体，就像是对那安排和运作着它的精神的一种优雅的透明装饰"①。而在中国古代哲学传统中，规范一般被统称为"礼"，处于安定国家、教化人民的至高位置。由此可见，中西哲学家一直把规范作为哲学探讨的核心，它不仅涉及我们思维的合理性，也塑造着我们行动的正当性。

新康德主义者（neo-Kantianists）首次使用了"规范性"（normativity）这个概念，用以对抗历史主义和心理主义带来的时代挑战。但是，他们逐渐发现这个词拥有自身无法解决的矛盾，因此不得不放弃

---

① ［丹麦］克尔凯郭尔：《非此即彼：一个生命的残片》上卷，京不特译，中国社会科学出版社 2009 年版，第 51 页。

对它的使用。① 如今,"规范性"概念在分析哲学的推动下又重新登上历史舞台,并在形而上学、伦理学、法哲学、政治哲学等领域得到了极大的运用和发展。② 当今分析哲学对黑格尔哲学的再次发掘和重视,在很大程度上就是围绕着规范性问题展开的,其原因不仅在于分析哲学对规范性问题的深入研究必然会引领黑格尔哲学在英语国家的再次复兴,而且也因为黑格尔哲学的内在本质显示自己就是一种规范性哲学。需要注意的是,虽然"规范性"一词几乎从未出现在黑格尔的文本中,但是它所涉及的应当、价值、义务和善等都是黑格尔所探讨的重要概念,黑格尔哲学由此与规范性问题不可避免地联系在一起。

之所以说黑格尔哲学在分析哲学内部是一种"复兴",乃是因为罗素(Bertrand Russell)、摩尔(G.E.Moore)等人在19世纪末20世纪初曾对黑格尔哲学展开了一系列批评,将其著作塑造为一个精神病患者的呓语。③ 起初,统治英国哲学界的是鲍桑葵(Bernard Basanquet)、布拉德雷(F.H.Bradley)和麦克塔加特(John Mctaggard)所代表的新黑格尔主义。罗素等人在进入剑桥大学之时,自然受到这股哲学思潮的影响,并努力去理解理念论的奥秘。虽然罗素等人也撰写了

---

① 关于新康德主义对"规范性"的理解,参见 Frederick C. Beiser,"Normativity in Neo-Kantianism: Its Rise and Fall", *International Journal of Philosophical Studies*, Vol. 17, No.1 (2009), pp.9-27。
② 关于"规范性"问题的一般研究现状,参见 Stephen Finlay,"Recent Work on Normativity", *Analysis*, Vol.70, No.2 (2010), pp.331-346。
③ 当然,黑格尔哲学在20世纪初的衰落并不仅仅是因为罗素、摩尔等人的批评,它的"帮凶"还包括尼采、叔本华、克尔凯郭尔等人,可以说,当时学术界弥漫着一股反黑格尔哲学的思潮。此后,甚至海德格尔、哈贝马斯等认真研究过黑格尔的哲学家,也都对黑格尔的核心架构有过激烈的批评。

一些极具黑格尔哲学色彩的文章,但这些文章最终还是"失败了"。

通过对莱布尼茨哲学的研究,罗素发现了被他称为"内部关系原理"(principle of internal relations)的学说,这一学说认为,传统哲学内部的每一种关系都是基于相关词项的性质①,而黑格尔等人的错误之处在于坚持亚里士多德传统判断模式的主谓结构。在《我们关于外间世界的知识》(*Our Knowledge of the External World*)一书中,罗素表达了自己对黑格尔逻辑学的看法:

> 黑格尔认为,用先天的推理可以指出,世界必有各种不同的重要而有趣的特性,因为没有这些特性的世界是不可能和自相矛盾的。因此他所谓的"逻辑"那是对宇宙本性的研究,这是就宇宙本性只能从宇宙必然逻辑地自相一致这个原则推出而言的。我本人并不相信,仅仅从这个原则能够对现存宇宙推出任何重要的东西来。②

在罗素看来,哪怕黑格尔能够从他的逻辑学中不矛盾地推导出一切,但仍不能称为逻辑学,因为罗素所理解的逻辑学恰恰只是对矛盾律等规律的认识,不存在从逻辑学中推导出现实世界的可能性。这也就意味着,罗素并不认同康德、黑格尔等人对传统逻辑的改造,而试图重新恢复亚里士多德式的以形式思维规律为研究对象的逻辑学。但

---

① 罗素对莱布尼茨哲学的研究成果主要体现在《对莱布尼茨哲学的批评性解释》(*A Critical Exposition of the Philosophy of Leibniz*)一书中。
② [英]罗素:《我们关于外间世界的知识》,陈启伟译,上海译文出版社 2008 年版,第 28 页。

是，罗素也没有全盘照搬古典形式逻辑的所有规定，而是对其进行了改造。在这个意义上，罗素甚至说黑格尔的"推理贯彻始终都无批判地不自觉地承受了传统逻辑及其全部缺陷"①。那么，在罗素看来，传统逻辑的缺陷到底是什么呢？对传统逻辑的继承如何导致黑格尔逻辑学的错误呢？按照传统逻辑的主张，命题的形式就是把一个谓词归之于一个主词之上，这意味着一切事实的存在及其原因都在于某物所具有的某种性质。黑格尔不仅不加批判地继承了这个观点，还混淆了作为谓词的"是"和表达等同关系的"是"。罗素以两个句子为例来说明这一点，"苏格拉底是有死的"和"苏格拉底是饮了毒药的那位哲学家"。前者的"是"表示谓词"有死的"述谓着主词"苏格拉底"，而连接"饮了毒药的那位哲学家"和"苏格拉底"的"是"表示的则是一种等同关系。这就导致黑格尔在"苏格拉底是有死的"这一判断中把主词和谓词当做一种等同关系，也就是说，"苏格拉底"和"有死的"是同一的，而又由于两者毕竟存在着差异，因此被黑格尔说成是差异中的同一。另外，"有死的"是普遍的，"苏格拉底"是特殊的，根据这种同一关系，普遍的就被视为等同于特殊的，为解决这个矛盾，黑格尔便生硬地认为普遍的和特殊的能够在个别中达致同一。

罗素据此认为，传统逻辑以及黑格尔的逻辑学的缺陷在于仅仅承认属性的实在性，这种逻辑观容易导致对经验世界中事物实在性的否定，因为这种主谓关系最终只会导致存在一个真正的主语，那就是绝对，这种形式下的所有判断都会变成"绝对是怎样的"，任何事物也

---

① [英]罗素:《我们关于外间世界的知识》，陈启伟译，上海译文出版社 2008 年版，第 28 页。

就只能是绝对的规定，事物也就丧失了自己的实在性。罗素认为，改变这种状况的方式在于承认关系的实在性，关系的实在性不仅能够说明事物之间的关系，还能够确保处于关系中事物的实在性，罗素由此创立了基于承认众多主体基础上的谓词逻辑。这种对"逻辑"看法的转变导致罗素与理念论的正式决裂，并随之开创了一种新的哲学风格，那就是分析哲学。且不看罗素等人对黑格尔哲学的批判是否正确①，但毕竟有大批哲学家在谓词逻辑的基础上继续进行哲学研究，并产生了大量学术成果。这一现象就导致了分析哲学与理念论（尤其是黑格尔哲学）在很长一段时期内成为泾渭分明的两种相互对立的哲学风格。

但英语世界哲学家对于不同的理念论者也有不同的看法。康德被他们认为是最为重要，甚至是唯一有所依赖的理念论者，因而是他们最近亲缘性的大陆哲学家之一。但显而易见的是，多数自成一派的英语世界哲学家对于康德的援引其本身并不是为了探究康德理念论的原意，而是意图利用康德哲学中的部分理论资源为自己的哲学观点背书。例如，康德对经验世界和自在之物的区分为逻辑实证主义者提供了哲学探究的前提，他们认为任何形而上学的命题都是无意义的，从而试图用科学的语言代替日常的语言。此外，康德的道德哲学一直被视为义务论的主要理论资源，在一定程度上也影响了罗尔斯等人对正义社会的构想。与之形成鲜明对比的是，其他的理念论者，尤其是黑格尔，在英语世界哲学家中犹如过街老鼠，被视为哲学的敌人和反面

---

① 摩尔没有发展出罗素这样的谓词逻辑，一般认为，他对分析哲学建立的最大贡献在于对"自然主义谬误"（the naturalistic fallacy）的批判，后者常常被视为理念论者的核心主张。

教材。在这个意义上，我们可以说，"康德的理念论通常被认为标志着德国人可同化的东西的外部界限。"①康德由此也成为沟通英语世界哲学与欧洲大陆哲学唯一的哲学家，虽然此时双方仍处于井水不犯河水的状态。

首位真正能够联结美国本土实用主义和传统理念论哲学，并明确把"规范性"置于哲学核心地位的英语世界的哲学家是塞拉斯（Wilfrid Sellars）。②1956 年，塞拉斯将自己在伦敦大学的演讲整理成《经验主义与心灵哲学》（*Empiricism and the Philosophy of Mind*）一书，将康德哲学与科学实在论结合起来，但此书也带有明显的黑格尔主义的特征。在这本书中，塞拉斯区分了"理由的逻辑空间"（the logical space of reasons）和"自然的逻辑空间"（the logical space of natural），前者将事物纳入理由、意义、价值等规范性的视角下进行考察，后者则将事物置于自然的因果链条之中。塞拉斯在"理由的逻辑空间"中通过语言和社会实践等规范性活动为知识进行辩护，通过反对人具有一种前概念的原始洞察能力，主张任何知识都是以其所形成的概念框架为前提的，因此，"理由的逻辑空间"就是一种"概念空间"，它所考察的就是规范性的内容。根据这一看法，塞拉斯批判了所谓的"所予神话"（the Myth of the Given），反对以直接意识到的感觉材料作为知识的基础。这种观点是以塞拉斯的科学实在论为保障的。他援引康

---

① Paul Redding, *Analytic Philosophy and the Return of Hegelian Thought*, Cambridge: Cambridge University Press, 2010, p.8.
② 在塞拉斯之前，虽然存在罗伊斯（Josiah Royce）这样主张理念论的美国哲学家，但他的哲学成就还未能形成一种影响欧洲大陆哲学的力量，也未能明确把"规范性"纳入其哲学的核心。

德对两个世界的划分，认为日常语言所谈论的经验的、常识的世界是现象世界，它并不能为知识提供辩护；而本体世界是自在之物的形而上学的世界。与康德不同的是，塞拉斯明确认为本体世界在科学理论上是可知的，这种可知性来源于主体间性的话语。由此，语言被置于人类生活与交往的中心位置。语言中的语词指谓的也不再是一个抽象的实体，而是处于语言系统内部的语言实体，也就是说，语词的概念在于与之相关的推论规则。这样一来，塞拉斯就把使用语言视为一种被规范所支配的活动。由此可见，这种以概念为中介的知识构成论与黑格尔对知识中感性概念化的看法不谋而合。但是，塞拉斯更多的是借鉴康德哲学的理论资源，还未能自如地利用黑格尔对概念的有关认识，在这个意义上，黑格尔哲学的意义在英语世界内部仍是被遮蔽的。

塞拉斯埋下了黑格尔在英语世界复兴的种子，他的继承者麦克道尔（John Mcdowell）和布兰顿（Robert Brandom）继续推进他的事业。1994年，麦克道尔和布兰顿分别出版了《心灵与世界》（*Mind and World*）和《清晰阐释》（*Making it Explicit*），将分析哲学推进到了"黑格尔阶段"[1]，进而将黑格尔哲学作为自己哲学解决方案的核心。两人都继承了塞拉斯关于"理由空间"的有关思想，但也都一致同意必须把黑格尔而非康德置于概念规范性研究的核心位置。

麦克道尔在《心灵与世界》中主要关注的是思想与世界的关系问题，具体来说，就是人的内在精神状态如何与外部世界相联系，为

---

[1] 这种说法出自罗蒂（Richard Rorty）对《经验主义与心灵哲学》所作的"导言"，参见 Wilfrid Sellars, *Empiricism and the Philosophy of Mind*, MA: Harvard University Press, 1997, pp. 8—9。

此，他主张一种"最低限度的经验主义"（minimal empiricism）。按照这种观点，我们的知识最终来源于经验，因此，经验与我们内在的精神状态具有一种理性关系，它能够为我们知识的合理性进行辩护。同时，人的思想、信念或判断是否正确，要凭借外部世界的真实状态来决定，而外部世界的真实状态又是通过感性经验获得的。这样一来，以经验为中介，思想和世界就联系在一起。麦克道尔的经验概念受到了塞拉斯的影响，他同样认为经验虽然是事物刺激我们感官所形成的印象，但它不再是直接的感性意识，而是具有概念性的内容。外部世界的真实状态通过经验被呈现给主体，这就为思想上的真提供了理由，因而从属于理由的逻辑空间。为了保障世界能够对思想拥有合理性的制约和影响，麦克道尔提出"第二自然"（second nature）的概念。第二自然是人们在语言文化共同体内通过教化而习得的一种使用概念的能力，也就是能够对理由、价值或意义作出回应的能力，第二自然由此消除了思想与世界的二元论。这样一来，概念能力的自然性和客观性与理由空间的自主性和规律性融为一体，思想、世界和经验也都处于理由空间的规范性话语之中。

布兰顿虽然与麦克道尔属于同一阵营[①]，但他意图消解"经验"这一概念，仅仅将概念视为规范话语的结构要素。布兰顿将概念的使用看作是一种规范性的活动，对概念的理解和使用需要遵守一定的规范。在我们的概念活动或实践行动中，不可避免地会受到概念规范的影响和制约。这种概念上的规范规定了我们应当如何去判断或行动。

[①] 认为他们同属一个阵营，是在他们同属于匹兹堡大学且共同具有实用主义哲学背景的意义上来说的。

既然我们的概念活动是一种规范性活动，那么，我们就需要使用规范性词语来说明概念活动。事实上，意向性活动涉及两种不同的规范性关系。第一种规范性关系是推理关系，这种关系存在于意向性活动及其行为与其他活动及其行为之间的关系。这种关系要求当我们相信某个信念之时，就同时应当相信它的后果也是正确的，比如，我相信现在正在下雨，不出门是唯一不被淋湿的方法，那么我就应当留在家中。第二种规范性关系是表征关系。它要求我们对真和表征的说明要符合事态本身。信念本身具有概念性的内容，理解信念就是认识到在什么样的情况下我们所持有的这个信念为真。持有信念意味着我们要把信念接受为真。这两种规范性关系都使用了规范性的词语来说明意向活动。但是，当我们用规范性词语来说明概念时，并不意味着对意向内容因果性说明的忽视，而是说，对意向内容的因果说明要建立在对意向内容的规范性说明之上。布兰顿使用"应当""责任""承诺"这些具有规范性的词语来说明意向活动，因此，他把社会实践看作在本质上是一种给出并说明理由的概念性活动。

在布兰顿的推理语义学中，概念的内容来自推理，推理就是一种使用概念的实践，正确的实践需要遵循规范。同时，概念内容也是推理角色，要知道某个概念的推理角色，就必须知道从它所能推出的推理角色，以及能推出它的推理角色。概念的意义是在这样的推理之链中获得的，对某个概念的理解是不能单独进行的。因此，我们对于概念的掌握首先是对推理之链的认识，否则我们不能认识任何一个单独的概念。布兰顿借用了刘易斯的计分（scorekeeping）概念，用来说明语言实践的模式。在语言实践中，其道义地位（deontic status）就是一种得分，这意味着对话者的承诺与资格。承诺和资格分别是一种规范地位，布兰顿希望用承诺与资格取代传统道义逻辑中的"责任"与"许可"这两个概念，试图"更加准确地对语言实践中的功能角色进行说明"①。因此，承诺与资格只能是规范世界的产物，一个行为被看做承担某种承诺取决于其他实践者将这个行为看做是承担了某种承诺，一个行为是被允许的也是因为其他实践者将此行为看做是被允许的。当一个实践者作出某项承诺的时候，其他实践者就具有了追究其责任的资格，这就是说，当这个实践者违反了此项承诺，其他实践者有资格对其作出惩罚。在这种建立规范地位的实践中，承诺与资格作为同一实践的两个维度总是紧密联系在一起的，"只有根据对话者所承认的说话者的承诺和资格的变化，才能理解一个话语的语义内容。"②参与实践的人互相指派承诺与资格的道义态度就记录了道义得分（deontic scorekeeping）。道义得分本身并不是主观的，它完全具有客观性的特点。一个实践者可以给其他实践者归派不同的道义地位，其他实践者也可以对这个实践者归派不同的道义地位，每一个实践者所获得的道义计分形成了整个生活共同体道义得分的视角。布兰顿以此说明道义得分具有客观性。之所以要保持道义得分的客观性，是因为一个实践者不可能承认自己承诺的所有后果，因此，不能凭借实践者自身对自己的道义计分来看待实践者的道义地位，只有依靠其他实践者建立的生活共同体从不同的视角进行道义计分来理解实践者的道义地位。

---

① Robert Brandom, Making it Explicit: Reasoning, Representing, and Discursive Commitment, MA: Harvard University Press, 1994, p.159.
② 李红：《分析哲学中的"黑格尔转向"——以布兰顿推理主义语义学为个案》，《哲学动态》2013年第2期。

从塞拉斯等人对规范性和黑格尔哲学的相关论述可以看出，在某种程度上，黑格尔哲学是伴随着规范性问题在分析哲学内部开启回归之路的，也是在分析哲学解决内部理论困境的基础上发展而来的，因而对于分析哲学的发展来说具有一定的必然性。因此，我们可以说，一方面，正是分析哲学内部对规范性思想的研究才产生了重新研究古典哲学家黑格尔的契机；另一方面，当现代分析哲学用规范性思想和自然主义或实用主义来研究黑格尔时，会发现黑格尔哲学展示了一条从概念到行动的完整的规范性体系。这是因为，英语学者精通自然主义哲学传统，会很自然地将此作为分析黑格尔的切入点。具有分析思维的英语学者发现最容易和最能系统展示的通常就与黑格尔的规范性思想有关。因此，无论是分析哲学规范性研究的需要，抑或是黑格尔哲学内部的诉求，都说明对黑格尔哲学进行研究具有十分重要的意义。

虽然这种把黑格尔哲学与规范性问题紧密联系在一起的方式得到越来越多学者的认同，如芝加哥大学的皮平（Robert Pippin）、乔治敦大学的平卡德（Terry Pinkard）以及莱比锡大学的怀特霍夫（P.Stekeler-Weithofer）等人，他们都试图从规范性的角度来理解黑格尔哲学。[①] 但是，目前对黑格尔的规范性研究主要关涉的文本是《精神现象学》和《法哲学原理》，主要关心的问题是社会历史中的"承认"问题，这样看来，黑格尔的规范性研究依然还具有广阔的前景。

---

① 这些学者虽然被认为具有共同的理论背景和话语背景，但是他们的论述方式和研究结论常常大相径庭，甚至相互对立。

二、研究文献综述

自分析哲学内部的黑格尔规范性研究发展以来，越来越多的学者开始借用其最新的理论成果，加之每年关于黑格尔哲学的研究著作浩如烟海，因此，本书所关注的主要是具有一定开创性作用且能够对后世学者影响较大的研究文献，也试图通过对这些文献的梳理来展现黑格尔规范性研究的逻辑顺序和继承关系，并挖掘现有研究的不足和下一步可能开启的研究方向。本书既在理论哲学中关注概念的规范性，也在实践哲学中探讨法的规范性，因此主要围绕《逻辑学》和《法哲学原理》相关文献展开论述。

西普（Ludwig Siep）作为欧洲大陆较为知名的当代黑格尔学者，主要关注黑格尔实践哲学的相关研究，其主要成果收录于《德国理念论中的实践哲学》（*Praktische philsophie im Deutschen Idealism*）① 一书中。在这本书中，西普解释了为何黑格尔不再使用"形而上学"一词来冠于他哲学体系的任何一部分，因为他已经完全拒斥并改造了传统的形而上学，为自己的形而上学赋予了新的名称。西普依然秉持德国学界对黑格尔实践哲学的传统看法，认为黑格尔法哲学就是一种形而上学，认为它的研究内容是"绝对的哲学知识，在某些方面是独立于时空过程和具体人类生活与行动的条件的。"② 此外，西普还尝试将"承认"作为黑格尔实践哲学的核心概念，认为人们社会交往的基础

---

① Ludwig Siep, *Praktische philsophie im Deutschen Idealismus*, Frankfurt am Main: Suhrkamp, 1992.

② Ludwig Siep, *Praktische philsophie im Deutschen Idealismus*, Frankfurt am Main: Suhrkamp, 1992, p.183.

就是相互承认。毫无疑问，西普可被视为当今英语学者以"承认"概念为核心来解读黑格尔哲学的先行者。但是，后世学者在接受"承认"研究范式的同时，也大多抛弃了西普对黑格尔法哲学的形而上学特征的强调。

在西普的影响下，另一位以"承认"为核心概念来解读黑格尔哲学的德国学者是霍耐特（Axel Honneth），他同样是法兰克学派的核心人物，他的主要兴趣在于社会理论方面。与西普不同，霍耐特在《自由的权利》（*Das Recht der Freiheit*）① 中，试图对黑格尔社会理论进行一种去形而上学化的解读。他认为，黑格尔并不像康德等人从先验理念论的视角构建法哲学，而是在业已存在的社会关系中考察其规范性理论。他将这一看法置于他自己对社会的分析中，通过分析现实生活中占据不同角色和地位的人的关系来观察规范性的构成，从而建构一种社会正义理论。这样一来，霍耐特把伦理生活所在的自由称为社会自由，从而在社会自由的框架中实现个人自由。霍耐特另外两部涉及黑格尔规范性理论的著作是《不确定之痛：黑格尔法哲学的再现实化》（*Leiden an Unbestimmtheit*）和《物化：承认理论探析》（*Verdinglichung*）。② 霍耐特在前一本书中将黑格尔法哲学重构为一种

---

① Axel Honneth, *Das Recht der Freiheit*, Frankfurt am Main : Suhrkamp, 2011. 中译本见 [美] 阿克塞尔·霍耐特：《自由的权利》，王旭译，社会科学文献出版社 2013 年版。

② Axel Honneth, *Leiden an Unbestimmtheit:Eine Reaktualisierung der Hegelschen Rechtsphilosophie*, Leipzig : Reclam, 2001. 中译本见 [美] 阿克塞尔·霍耐特：《不确定之痛：黑格尔法哲学的再现实化》，王晓升译，华东师范大学出版社 2016 年版。Axel Honneth, *Verdinglichung*, Frankfurt am Main : Suhrkamp, 2005. 中译本见 [美] 阿克塞尔·霍耐特：《物化：承认理论探析》，罗名珍译，华东师范大学出版社 2018 年版。

规范正义理论，把个人自由作为相互交往和承认的前提。他认为，抽象法和道德阶段中无法达致的个人自由及其相互承认，只有在伦理生活的制度框架中才能实现，但是黑格尔对制度的过分强调，在一定程度上忽视了个体之间独立的具体交往。在后一本书中，霍耐特承续了卢卡奇的"物化"概念，将它与"承认"联系起来，以承认的角度解读物化学说，认为物化出现的原因是对承认的遗忘。由上可知，霍耐特对黑格尔法哲学采取的乃是一种"六经注我"式的解读方式。他从黑格尔法哲学勾勒出一种所谓的"承认"理论，转而去建构适应当今社会现实的规范正义理论，且不说这种规范性理论是否具有现实的实用性，但他对黑格尔规范性理论的研究却少有教益。例如，他完全脱离了黑格尔法哲学的形而上学背景，以致不能完全理解抽象法和道德在黑格尔法哲学中的地位和作用，才得出了抽象法和道德与伦理生活是完全对立的看法。

与大多数研究者一样，伍德（Allen W.Wood）也将黑格尔视为一个思辨哲学家，认为其思辨哲学的核心是辩证法。思维具有一种不受约束的内在冲动，它必然超出自身而进入自身的对立面，因此，思维在本质上是会产生矛盾的，因而也是辩证的。这样一来，解决矛盾的方法不在于像康德那样为思维领域划清界限，而是使之体系化，并在更高的统一中达成和解。伍德认为这种方法产生于黑格尔在耶拿时期的《精神现象学》，到了柏林时期，黑格尔已不再将此方法作为其体系的基础。基于当代哲学的发展主要受益于谓词逻辑的发现，伍德断言："从20世纪晚期的视角看，黑格尔想要将思辨逻辑奉为哲学思维的唯一恰当形式的尝试，现实是彻底失败了。他建构其体系性工作所需的大多数哲学悖论都是基于肤浅的诡辩，他的体系提出的解决悖论的方法也通常是捏造的，无助于解释问题。"并且，"黑格尔的失败从本质上讲更根本和无可挽回，因为他的逻辑学提出的问题是外在于我们的，是人为捏造的。"① 但是，伍德又认为，黑格尔的"精神科学"仍有较大价值。这就说明伍德是完全摒弃黑格尔的形而上学来谈论他的法哲学的。进一步地，伍德将黑格尔的整个哲学都视为关于文化层面上的自我理解。更为重要的是，伍德一反学术界对黑格尔伦理学的通常看法，坚持认为存在着一种所谓的黑格尔式的伦理学。这种伦理思想意在实现古典伦理与现代世界的融合，从而构建一种现代的文明秩序。因此，法哲学的任务就在于解决现代人的各种困境，"是反思性的个体同世界达成和解，并且，最终通过对外在和理性的现实的思辨认识，与社会世界达成和解。"②

接续伍德以"和解"作为黑格尔伦理学的最高任务的是哈德曼（Michael O.Hardimon）的《黑格尔的社会哲学：和解方案》（*Hegel's Social Philosophy*）③。在哈德曼看来，"和解"的过程就是一个克服异化（alienation）的过程。社会生活中的异化不仅包括个人与制度的异化，也包括个人自身内部的异化。因此，"克服自我同社会世界的分离与分裂的过程也是克服随之而来的自我内部的分离与分裂的过

---

① Allen W. Wood, *Hegel's Ethical Thought*, Cambridge: Cambridge University Press, 1990, pp.4-5. 中译本见［美］艾伦·伍德:《黑格尔的伦理思想》，黄涛译，知识产权出版社 2016 年版，第 7—8 页。
② ［美］艾伦·伍德:《黑格尔的伦理思想》，黄涛译，知识产权出版社 2016 年版，第 11 页。
③ Michael O.Hardimon, *Hegel's Social Philosophy: The Project of Reconciliation*, Cambridge: Cambridge University Press, 1994. 中译本见［美］米歇尔·哈德蒙:《黑格尔的社会哲学：和解方案》，陈江进译，北京师范大学出版社 2020 年版。

程。"① 所要达到的目的是让人在社会世界中就如同在家中一样。这样一来,"和解"就成为了黑格尔法哲学论述的主要概念。虽然黑格尔生活的时代所要达成的和解目标和方式已与今日大不相同,但现代世界中的家庭、市民社会和现代政治国家依然是我们社会生活的主要载体。而黑格尔社会哲学中人与社会的和解只是人与世界整体和解的一部分,后者更是精神与世界及其自身和解的一部分。以"和解"为中心展开论述的另一个优势在于,能够避免对黑格尔作出非此即彼的理解,如在自由主义者或社群主义者、自由主义者和保守主义者间进行立场上的抉择。除此之外,虽然黑格尔的社会哲学经常被视为对异化问题的回应,但哈德曼坦言"和解"只是解释黑格尔法哲学的一种方式,以精神或思想规定性为线索也可以对此作出连贯的解读。而哈德曼选择"和解"的理由在于,它所面对的异化和社会之恶的问题更能够展示出黑格尔对社会的关怀,这也是我们今日同样面临的问题。黑格尔的社会哲学之所以能够给予我们以启发,就在于他始终在哲学的立场上考察政治、文化等问题。这本书是一本典型的以分析哲学的方法分析黑格尔社会哲学的著作。在这本书中,哈特曼避免过多使用黑格尔的技术性词汇,注重对黑格尔概念的清晰解释以及对黑格尔论证方式的重构,由此,哈德曼自认为是在做一种"哲学重构"的工作。但是这种做法也会导致很多疑问,比如,完全放弃黑格尔自己的技术性词汇能完全理解黑格尔本身要表达的意思吗?作者武断地抛弃黑格尔哲学的形而上学因素,这样就能完全恰当地理解所谓的非形而上学

---

① [美]米歇尔·哈德蒙:《黑格尔的社会哲学:和解方案》,陈江进译,北京师范大学出版社 2020 年版,第 2 页。

内容吗？

另一本以分析哲学手法分析黑格尔社会哲学的著作是诺伊豪瑟（Frederick Neuhouser）的《黑格尔社会理论的基础：积极自由》(*Foundations of Hegel's Social Theory*)。[1] 该书要解决的主要问题是：对于黑格尔来说，什么使社会秩序变得理性？诺伊豪瑟要考察的就是在不同社会机制下到底是什么规范标准在起作用。诺伊豪瑟认同从形而上学角度或以精神现象学为基础对黑格尔的规范性展开研究，前者在于说明合理的社会秩序所依据的规范的形而上学基础，后者则是一种历史叙述，"即现代世界如何逐渐把它所认可的规范……看作一种权威。"[2] 但是，这两种方案在诺伊豪瑟看来虽然值得尝试，但目前的学术研究还不能达到这一步，因此，他自认为采取了一条谦卑的进路，只在于去阐释黑格尔社会制度的规范是什么，以及黑格尔在作出判断时的理由是什么。支持他这么做的理由是，他相信黑格尔体系的各个部分具有相对独立的性质，因而完全可以忽略其形而上学基础来直接谈论他的法哲学。诺伊豪瑟认为，社会秩序之所以是合理的，用一个词来说明，那就是自由，也就是说，自由是社会制度合理运作的规范性基础。他接着指出，以自由为核心与哈蒙德以和解为核心进行的论述没有本质冲突，两者是相互补充的。这是因为和解是黑格尔的社会秩序合理性的目标，而之所以达致和解这样的一个目标，则是自

---

[1] Frederick Neuhouser, *Foundations of Hegel's Social Theory:Actualizing Freedom*, MA: Harvard University Press, 2003. 中译本见［美］弗雷德里克·诺伊豪瑟：《黑格尔社会理论的基础：积极自由》，张寅译，北京师范大学出版社2020年版。

[2] ［美］弗雷德里克·诺伊豪瑟：《黑格尔社会理论的基础：积极自由》，张寅译，北京师范大学出版社2020年版，第2页。

由的缘故。诺伊豪瑟选择了"社会自由"这个概念为主要线索，认为此概念代表了"黑格尔最独特的理论创造和他对社会哲学与政治哲学最重要的贡献"[①]。他认为，黑格尔的社会自由来源于卢梭的"公意"学说。诺伊豪瑟将社会自由分为主观自由和客观自由两个构成要素，分别阐述了这两个要素的内容和成立条件，最后将黑格尔的社会自由与霍布斯等人所持有的方法论原子主义作了比较。诺伊豪瑟的结论是，社会自由得以实现，必须依靠个人和社会的共同努力，即社会能够为个人自由提供基本的保障和条件，个人作为社会成员也必须肯定社会制度能够实现自己的自由。

与这种研究模式相对立的，就是将黑格尔的法哲学与形而上学要素紧密结合起来。这种研究方式更多的体现在欧洲大陆的黑格尔学者身上。比较有代表性的研究成果是意大利学者佩佩尔扎克（Adriaant T.Peperzak）的《现代自由：黑格尔的逻辑学、伦理学和政治哲学》（*Modern Freedom*）[②]。该书可以视为对《法哲学原理》的逐句逐段的文本注释性工作，并十分重视法哲学中的每一个阶段的逻辑学因素。这样做的好处是在阅读黑格尔法哲学时，可以始终将它联系到黑格尔的哲学体系中。书中还对争论较大的问题给予适当的倾斜，如承认问题、奴隶制，等等。但是，这种做法极易导致的一个缺陷是，作者对任何一个观点都要追溯到黑格尔的逻辑学，对于明显难以看清两者联系的观点，则有生搬硬套之嫌。

[①] ［美］弗雷德里克·诺伊豪瑟：《黑格尔社会理论的基础：积极自由》，张寅译，北京师范大学出版社 2020 年版，第 6 页。

[②] Adriaant T.Peperzak, *Modern Freedom: Hegel's Legal, Moral, and Political Philosophy*, New York: Springer, 2001.

英美学界也开始出现了与佩佩尔扎克持有同一立场的学者，并采取了更为灵活的视角。汤普森（Kevin Thompson）的《黑格尔的规范性理论：法哲学的体系基础》(Hegel's Theory of Normativity)① 是一部直接以"规范性"为主题的著作。汤普森认为，我们社会实践中的制度、原则等的特征就是规范性，为我们提供了遵守它的理由，它们的约束力有权规定我们的法律和政治义务。汤普森在书中支持一种将形而上学和体系哲学特征视为法哲学基础的主张，认为唯有如此，才能赋予权利以自由的客观性基础，因此，体系哲学这种形式能够有效抵御怀疑主义的入侵，并为知识奠定一个客观的基础。汤普森论述的重点是对黑格尔规范性论证、实践能动性以及社会本体论之间的关系。对他来说，证明一个规范性的主张是正当的，就是要表明它在一个相互关联的概念体系中有自身的位置。就此而言，黑格尔的"规范性不仅需要体系化所提供的安全的现象学，还需要直接从它而来的本体论基础"②。

皮平（Robert B. Pippin）、平卡德（Terry Pinkard）和布兰顿（Robert Brandom）等人引入社会历史因素作为黑格尔规范性研究的底色，被视为一种社会建构论的解读模式，这一模式也被视为关于黑格尔规范性研究的"标准解读"。社会建构论认为，个人并不是规范性的来源，个人只是"发现"规则，真正的规范性要到社会历史中去寻找，由此社会是规范性的最终来源。每个理性主体都是社会规范的建构者，也是道德义务、理性空间的参与者，通过相互承认构成的主体群体才是

---

① Kevin Thompson, *Hegel's Theory of Normativity*: The Systematic Foundations of the Philosophical Science of Right, Chicago: Northwestern University Press, 2019.

② Kevin Thompson, *Hegel's Theory of Normativity*: The Systematic Foundations of the Philosophical Science of Right, Chicago: Northwestern University Press, 2019, p.9.

最终合法的规范来源。

《信任的精神》(A Spirit of Trust)① 是布兰顿从实用主义语义学的角度解读黑格尔规范性理论的巅峰之作，此书是对《精神现象学》的全面解读。布兰顿试图以"承认"为核心概念来理解黑格尔的规范性理论。一个能动者只有被其他能动者视为能动者时，才能成为能动者，能动者的权威、责任、承诺和社会行动等最终是由相互承认的社会实践建立的。布兰顿认为，对黑格尔的规范性阐释的主题是概念内容，理解概念内容的方式不是心理学意义上的，而是说客观世界总是已经处于一种概念化的形态之中，它不依赖于思维主体的主观活动。概念具有一种判断的功能，概念由此是决定什么是应用它们的理由的规则。黑格尔把权威和责任的规范状态理解为主体的规范态度的产物，主体实际承认或赋予权威并认为彼此负有责任，这是黑格尔规范性的社会维度。此外，布兰顿还关注了以回忆理性为核心的历史维度。经验过程是一个逐步确定概念内容的过程，即"通过在新的环境中应用或拒绝应用，使这些内容更加确定"②。运用回忆理性就是回溯性地重构一个概念的各种应用，这一回溯过程隐含着对概念的规范管理的应用。

麦克道尔对于黑格尔的论述主要集中在论文集《将世界纳入视野》(Having the World in View)③ 中，尤其是《统觉性我和经验性我：

---

① Robert Brandom, *A Spirit of Trust*: *A Reading of Hegel's Phenomenology*, MA: Harvard University Press, 2019.

② Robert Brandom, *A Spirit of Trust*: *A Reading of Hegel's Phenomenology*, MA: Harvard University Press, 2019, p.17.

③ John McDowell, *Having the World in View*: *Essays on Kant, Hegel, and Sellars*, MA: Harvard University Press, 2009. 中译本见[美]约翰·麦克道尔：《将世界纳入视野：关于康德、黑格尔和塞拉斯的论文》，孙宁译，复旦大学出版社 2018 年版。

对黑格尔《精神现象学》中"主奴关系"的非正统解读》一文。麦克道尔自持自己只是"非正统解读"的原因在于，以往关于主奴关系的解读，大多认为主人和奴隶是为承认而进行殊死斗争的两个自我意识，但麦克道尔认为，两者只是统觉的自我意识和经验性自我意识的关系，为承认而进行的殊死斗争被视为一个自我意识内部对立性和依赖性之间的关系。这样的理论后果是麦克道尔不承认在自我意识阶段已经引入了社会历史维度。与布兰顿不同，麦克道尔持一种相对实在论的观点，他认为，一个独立的自我立法主体的形象是不可接受的，因为这样一来，主体是在一个规范空白（normative void）中进行立法。实际上，个体的自我立法必须接纳先前的理由和规范，"坚持自由必须与我们总是发现自己已经受到规范的约束这一事实相一致。"[①]虽然规范性的存在不独立于理性主体，但这不意味着规范性的内容不是实在的。麦克道尔在此援引亚里士多德关于第二自然的理论，认为只有接受过教化的人才能从某种伦理的视角看待世界，这种教化造就了个人的第二天性。这样一来，麦克道尔就将黑格尔视为一个道德实在论者。存在着一个独立于个人的规范和价值，个人必须在其中作出选择和行动。此外，理性主体在活动中可以自主决定自己的行为，也可以清晰地感知特定情境下的道德因素，这有助于帮助主体认清自己行为的正确性。麦克道尔与布兰顿等人的不同之处在于：布兰顿试图寻求一个事物之所以被建构为好或善的构成来源，而麦克道尔则认为没有必要寻求此种来源，规范就存

[①] John McDowell, "Response to Leaving Nature Behind", in *Reading McDowell on "Mind and World"*, N. H. Smith（ed.）, New York: Routledge, 2002, p.269.

于事物的自然本性中。

与此针锋相对的观点是皮平在《黑格尔论自我意识》(*Hegel on Self-Consciousness*)①中阐发的观点。这本书可以看作皮平在黑格尔规范性研究中的纲领性成果，其主要观点就在于黑格尔关于自我意识的论述是康德先验演绎的进一步推进，因为黑格尔引入了欲望一般（desire überhaupt）的概念，自我意识就是某种实践的成就，这种成就的实现必然会涉及与他人的关系，自我意识就不可避免地具有了社会性。最终就是两个自我意识达成相互承认的社会。麦克道尔和皮平的这两种解读模式可分别成为对黑格尔自我意识的"内在化"解读和"社会化"解读，当然，目前来看，"社会化"解读收获了更多的支持者。

在麦克道尔、布兰顿等人的影响下，出现了许多以"承认"为主要线索，立足于社会规范性来论述黑格尔哲学的著作。较有影响力的包括平卡德的《黑格尔的现象学：理性的社会化》(*Hegel's Phenomenology*)②、利科（Paul Ricoeur）的《承认的过程》(*Parcours de la Reconnaissance*)③、安德森（Sybol Cook Anderson）的《黑格尔的承认理论》(*Hegel's Theory of Recognition*)④、威廉姆森（Robert Wil-

---

① Robert Pippin, *Hegel on Self-Consciousness: Desire and Death in the Phenomenology of Spirit*, Princeton: Princeton University Press, 2010.
② Terry Pinkard, *Hegel's Phenomenology: The Sociality of Reason*, Cambridge: Cambridge University Press, 1996.
③ Paul Ricoeur, *Parcours de la Reconnaissance*, Paris: Editions Gallimard, 2005. 中译本见［法］保罗·利科：《承认的过程》，汪堂家、李之喆译，中国人民大学出版社2019年版。
④ Sybol Cook Anderson, *Hegel's Theory of Recognition*, Cambridge: Cambridge University Press, 1991.

liams）的《承认：费希特和黑格尔论他者》（Recognition）① 等。这些著作从不同的角度对黑格尔的承认理论做了细致的研究，但共同存在的一个问题是，他们大多有意或无意地忽略了对黑格尔形而上学的研究，也就是说对黑格尔的规范性理论研究没有将逻辑学纳入其中。因此，在黑格尔哲学体系中，存在着规范的来源到底是逻辑学还是经验化社会的理论张力。社会建构论把社会视为规范的来源，但这种做法存在一些难以克服的理论难题，例如，黑格尔哲学显然存在不容忽视的形而上学特征，但社会建构论只是把黑格尔逻辑学视为痴人说梦的呓语，粗暴地将其抛弃，未能考察它与法哲学之间是否存在本质上的联系；同样，它也无法说明"绝对"的规范性意义。虽然布兰顿等人正确揭示了概念中蕴含的规范性，但是他们无法把担当终极存在和规范的"绝对"进行合理的解释。

对这一研究状况有所改变的是皮平在《黑格尔阴影的王国：〈逻辑学〉中逻辑学作为形而上学》（Hegel's Realm of Shadows）② 一书中的有关论述。皮平对两种形而上学作出了区分，一种是以斯宾诺莎和莱布尼茨为代表的旧形而上学传统，他们试图探究真正存在的东西，而康德开启的新形而上学则关注权威和合法性等概念，是对各种类型的主张及其根据的反思。在皮平看来，元概念规定了判断统一的规则，也就是将主词和谓词统一起来的规则，而这种观点来自康德的统觉的综合统一。但是，康德武断地承认十二范畴的存在，这对黑格尔

---

① Robert Williams, *Recognition: Fichte and Hegel on the Other*, New York: State University of New York Press, 1992.
② Robert Pippin, *Hegel's Realm of Shadows: Logic as Metaphysics in "the Science of Logic"*, Chicago: University of Chicago Press, 2018.

来说是不可接受的。黑格尔认为，这些范畴或概念的起源或有效性必须被证明。除此之外，黑格尔哲学中的判断是以规则为基础的，概念决定了对象是什么，判断由此必须被理解为一个逻辑的过程，这些概念也就成为权利要求的基础和前提。但是，皮平的解读似乎过于注重康德对黑格尔的影响，而黑格尔在著作中也明确提到所谓旧的形而上学传统对自己的帮助，皮平似乎完全割裂了两者的关系。

在所谓"标准解读"和麦克道尔的影响下，还出现了一些独特的对黑格尔规范性的解读模式，其中影响最大且较有特色的是斯特恩（Robert Stern）和莱蒂宁（Arto Laitinen）的理论。

斯特恩试图融合社会建构论和实在论两种说法的主要观点，以期消除两者之间的有关争论。斯特恩把康德看作像苏亚雷斯一样的持有这种中间立场的哲学家。在苏亚雷斯看来，上帝保证了个人去做符合自然法的事情，而上帝本身也要受到自然法则的限制和约束。"虽然有些事情可能是好的，甚至是正确的，但如果没有上帝的命令，它们就不会有道德上独特的规范性维度。"[1] 只不过在康德这里，上帝的强制命令已经不存在了，它被转换为自主的道德主体，约束和规范人类行动的强制力量来自理性主体的自我立法活动。这样一来，斯特恩就把事物好坏的来源和规范的来源区分开来，前者是实在论的，后者则是一种旨在寻求规范构成来源的建构论。对于黑格尔，斯特恩依然接受了社会建构论关于黑格尔将康德哲学社会化的观点，把规范的来源归结为社会，斯特恩称之为"社会命令观"。在这一背景下，黑格尔

---

[1] Robert Stern, *Understanding Moral Obligation*, Cambridge: Cambridge University Press, 2012, p.46.

规范性理论的基本立场可以表述为：当某种法则是社会所要求的，那么它就是强制和规范的，但这种法则本身必须是实在和独立合理的。斯特恩由此认为，通过区分道德和伦理，黑格尔一方面强调道德主体的自主性，通过理性主体感知的规范是实在的，对事物的价值评判存在于事物的本性之中；另一方面把规范看作来自伦理实体中社会交往活动的客观建构。由此，实在论和建构论就被结合了起来。但是，斯特恩的这种混合解读尤其自身无法解决的问题是：他在区分道德内容本身和道德内容的来源时就是以不同的观点来看待权利和义务的，他把权利看作实在论的，希望能够避免建构论的空虚和武断，把义务看作建构而成的，防止世界本身对我们提出的"不合理"的要求。他认为这种混合方式可以同时容纳两种理论的优势。但是，他也将两种理论难以解决的地方吸收了进来。建构论想要避免实在论关于规范本质的说明，自身能够作出评价的事物本身如何能够正确评价和指导事物的发展？它难以解决从价值到行动直接的过渡。另外，实在论想要摆脱建构论有任意或偶然立法的危险性，但可能存在强制立法者立法的情况，也可能出现某个行为应该立法而不立法的情况。比如，通过不命令人们不要杀人，人们可能因为杀人而不会受到责罚。因此，在斯特恩看来的这种对黑格尔规范性理论最好的"混合解读"有可能是最糟糕的。

阿托·莱蒂宁在吸收和借鉴当代对黑格尔规范性解读的基础上，建立了一种所谓的"扬弃建构论"（Sublated Constructivism）或"中介实在论"（Mediated Realism）的黑格尔规范性理论。莱蒂宁反对对伦理所谓的历史主义解读，认为伦理中的道德真理是实在论而非通过社会建构出来的。虽然生命形式具有不同的历史变体，可以用进步的客观标准来评估和判断。同样，也可以对各种社会形态进行批评和修正。但是伦理实体却不是历史主义的。伦理实体内部的主要特征在于"扬弃"，这是一个社会结构或形态通过矛盾运动的扬弃过程。每一个阶段的社会结构或形态都需要个人良知的确信，并在相互承认的基础上建构而成。这就是莱蒂宁所称的"扬弃建构论"的理由，他以此来反对对伦理实体的历史主义解读。黑格尔的规范性理论也是一种"中介实在论"，这旨在反对任何直接性的实在论。莱蒂宁认为实在论是必要的，社会形态的建设在历史上是一个反复试验的过程，如果没有一个实在的评价标准，我们很难对其成果进行评估。社会建构需要"嵌入独立的道德事实中，作为揭露这种现实的工具"①。莱蒂宁承认社会建设有一个试错的过程，一方面，他认可康德对所谓历史直觉和道德感知的批判，这种观点错误地把规范性真理看作对任何人来说都是显而易见的；另一方面，莱蒂宁认为康德式的绝对正确的、一步到位的道德原则是不可能实现的，社会建设必须经过一个试错的过程，黑格尔的"中介"实在论旨在强调"保持社会实践、规范和机制中所体现的善、权利和义务概念的可错性。"②这与逻辑概念的不断发展保持一致。但是，莱蒂宁认为这似乎产生了一个困境：当伦理实体与个人良知保持一致时，个人才会遵循社会规范；但如果一个人始终遵循个人良知，那么此人可能会陷入道德主义，而不是伦理。这样一来，

---

① Arto Laitinen, "Hegelian Constructivism in Ethical Theory?" in *"I that is We, We that is I." Perspectives on Contemporary Hegel*, Italo Testa, Luigi Ruggiu (eds.), Leiden: Brill, 2016, p.143.

② Arto Laitinen, "Hegelian Constructivism in Ethical Theory?" in *"I that is We, We that is I." Perspectives on Contemporary Hegel*, Italo Testa, Luigi Ruggiu (eds.), Leiden: Brill, 2016, p.143.

似乎规范的来源就存在个人良知和社会两种途径,莱蒂宁认为这种张力是黑格尔哲学中未能解决的难题。

距黑格尔哲学被引入中国已有百年历史,出现了大量论述黑格尔哲学的论著和文章,如早期张颐、张君劢等人所撰述的文章。[①]但从分析哲学的视角考察黑格尔哲学,或者说研究黑格尔哲学的规范性理论,是近年来才逐渐受到重视的事情。时间虽短,但也逐渐成为认识黑格尔哲学的一条重要路径,并为众多学人所推崇。相关的研究和翻译工作也在稳步推进中。

李红教授的文章《分析哲学中的"黑格尔转向"——以布兰顿推理主义语义学为个案》[②],就描述了黑格尔哲学因何因缘得以重新回归分析哲学界,并重点讨论了布兰顿如何借助于黑格尔哲学,构建了颇具特色的推理主义语义学,从而彰显了目前分析哲学界究竟对黑格尔哲学的哪些内容感兴趣。这篇文章为中国哲学界认识布兰顿和黑格尔的关系等问题提供了一个入口。与之相似,刘学良的文章《为什么规范性是必然的——布兰顿的"康德—黑格尔式"规范性论证》[③],同样在这个背景下讨论了布兰顿如何利用康德、黑格尔哲学论证了规范性产生的必然性。

高全喜的《论相互承认的法权》[④],包含两篇《精神现象学》研究

---

① 关于黑格尔哲学在中国的传播和接受史,参见杨河:《康德黑格尔哲学在中国》,首都师范大学出版社 2011 年版。
② 李红:《分析哲学中的"黑格尔转向"——以布兰顿推理主义语义学为个案》,《哲学动态》2013 年第 2 期。
③ 刘学良:《为什么规范性是必然的——布兰顿的"康德—黑格尔式"规范性论证》,《南海学刊》2018 年第 4 期。
④ 高全喜:《论相互承认的法权》,北京大学出版社 2004 年版。

文章。下篇通过批判科耶夫对现象学的解读模式，试图在黑格尔法哲学与古典自由主义间找到某种契合的关系。高全喜认为，现象学和法哲学所呈现的是两种不同的黑格尔形象，前者是革命的形象，相互承认的基础在于敌友的殊死斗争，后者则是保守的，法权产生于人们相互交往的市民社会。但把敌我的殊死斗争保留在了国家间的关系上，总之，法哲学时期的黑格尔是一个自由主义者。

　　李育书的《自由意志与普遍规范：黑格尔的法哲学研究》[①]是国内第一部以意志和规范为主题对黑格尔法哲学进行研究的著作。李育书从意志出发，构建了黑格尔建立社会规范的过程。该书的结构线索主要体现在对意志的解读上，黑格尔的意志概念具有普遍性、特殊性和个别三个环节，黑格尔以此超越了近代的政治学说。这本书论述的重点是国家，国家被视为普遍规范的实现，并对国家与市民社会的关系、国家制度的内涵以及社会正义等问题作出了详细的考察。

三、本书概况

　　在分析哲学的推动下，"规范性"已经成为当代西方哲学最为核心的概念之一。在立足于传统的"是"与"应当"的关系上，结合当代哲学发展趋势，"规范性"主要探讨了善、理性、价值、责任、义务等问题。规范作为一套标准、尺度或规则，提供了判断某种思维或行动正确与否的基础，规范由此不仅涉及我们行动的正当性，同时也

[①] 李育书：《自由意志与普遍规范：黑格尔的法哲学研究》，北京大学出版社2019年版。

塑造着我们思维的合理性。

然而,"规范性"研究的复杂之处就在于,不同的哲学家或学者对"规范性"的本质和结构众说纷纭,由此产生了实在论、表达主义、虚构主义和建构主义等理论流派。这些理论流派对"规范性"的思考不是凭空而来的,而是建立在对哲学先贤思想的批判和借鉴基础之上。在对"规范性"问题的研究有过贡献的哲学先贤中,黑格尔无疑是其中极为重要的一位。

黑格尔哲学是建立在绝对理念论之上的一个无所不包的哲学体系,他对哲学中的重大问题都有过极为精深的论述,"规范性"自然也不例外。虽然"规范性"一词几乎从未出现在黑格尔的文本中,但是它所涉及的应当、价值、义务和善等都是黑格尔哲学所探讨的重要概念,黑格尔哲学由此与规范性问题不可避免地联系起来。首先,在关于思维的合理性问题上,黑格尔主要研究了作为重要思维活动的概念和判断的规范性。概念是一种普遍化、规则化的感性经验的活动,对事物的认识就是对事物概念的认识,整个世界由此成为一个由概念所联结的世界;而作出一个判断,就是作出一个可以为之负责的承诺,他人可以据此承诺来评判行动的正确与否。在这种意义上,黑格尔既研究了概念内部的不同结构,也对不同的判断形式给予了区分和界定。其次,关于行动的正当性。黑格尔将现实行动纳入"法"这一范畴,通过探讨"法"所具有的规范性来说明不同的行动是如何基于不同理由之上的。对物、他人或世界的行动也不可避免地涉及不同的责任。这样一来,黑格尔为我们展示的就是从思维到行动规范人类活动的规范性体系。

本书试图以"责任"与"行动"两个核心概念为经纬,研究黑格尔的规范性理论。"责任"是"规范性"研究中的重要概念，并与其他重要的规范性概念，如"权利""授权""承认""要求"等紧密相连。比如，责任的归属问题隐含了对责任主体价值的判断，责任的产生与道德或伦理上的应当有关，责任的判定也要基于双方所相互承认的内容或状态。此外，责任在此并不意指狭义的道德责任，而是包括理性主体对其一切认知和实践的负责状态和负责地位。但是，是否需要负责以及如何负责等问题的判定必须以是否作出了一个行动为前提，因此行动问题比责任问题更为基本和原始。我们只有先确定某件事是否是一个行动，才能确定我们在多大程度上对此负责。然而在黑格尔的理论中，更为复杂的是对行动的确定离不开对责任的理解。黑格尔用责任来定义行动，把负责任的行动看作是一种真正的行动。这一观点使行动和规范性联系起来。如果行动意味着责任，那么行动的存在将取决于某种规范性框架，在这个规范性框架中，我们可以对自己的行动作出评价。在黑格尔的意义上，鲁滨逊脱离社会的个人行动也同样是一种可以为之负责的行动。

具体而言，在认知领域，我们运用概念进行判断就是在作出一个可以为之负责的行动，我们所作出的判断具有公共意义，当我们作出一个判断时，就是作出了一种承诺，他人可以凭借我们的判断对我们进行责任的认定。同样，概念和判断的使用离不开其背后所隐藏的逻辑思维法则，这些思维法则决定了我们只能这样来运用概念和如此来下判断，而不能有其他的可能性。因此，在黑格尔这里，认识层面上的责任与行动的规范性研究就是对概念和判断的规范性研究。黑格尔把行为和行动视为意志的一种具体形式，所有由有意识的目的引导的实践活动都从属于意志，由此对概念和判断的规范性研究是必要的和正当的。

在实践领域，狭义上的责任主要指以称赞和责备为前提的道德责任。但是，道德只是黑格尔所谈论的规范领域中的一个。剩下的两个规范领域分别是抽象法和伦理世界。抽象法不同于道德，在于它将我们的意图和动机抽象出来，比如，即使我们没有侵犯他人财产的意图，我们也要对侵犯他人财产的事实负责。伦理世界超越了我们的主观意图和动机，即使我们的行动符合我们的主观意图，也需要对未能履行我们责任的行为负责，它体现的是如何在不同的规范之下和谐生活的问题。因此，在黑格尔看来，我们客观上有责任遵守这三个规范领域所包含的相对不同的准则或规定。

综上所述，本书试图以《逻辑学》和《法哲学原理》为基本文献，以"责任"和"行动"为核心概念分别对黑格尔认知方面的规范性理论和实践方面的规范性理论作出研究，以期全面、准确地把握黑格尔的规范性理论。

本书立足于对"规范性"问题的当代讨论之上，借助于塞拉斯、布兰顿等新实用主义的理论资源，以"责任"和"行动"为核心概念，在对黑格尔哲学的特征和内容进行整体把握的基础之上，从思维和行动两个方面对其规范性理论进行研究。本书共包括六个章节。

第一章旨在透过塞拉斯、布兰顿等人的工作来论证对黑格尔规范性理论进行研究的合法性和有效性。塞拉斯利用康德哲学的部分资源对一切形式的"所予神话"进行了批判，以此区分了"理由的逻辑空间"和"自然的逻辑空间"，进而为黑格尔的规范性理论研究奠定了基础。布兰顿等人接续了这一研究，进而发掘了康德哲学内部所隐含的规范性思想，一方面，我们的经验是根据一个规则（概念）综合多种直观所形成的，范畴为我们的思维活动和判断活动规定了必要的原则和方向；另一方面，由于作为实践理性能力的意志依据的是无条件的道德法则，这就使人们的活动是规范条件下的自由行动。因而，无论在理论上还是实践上，我们都需要遵循一定的规则行事。黑格尔基本继承了依规范而行动的思想，但对康德哲学没有说明规范如何运用于经验之上、规范的起源以及其所表现出的主观主义和二元论倾向作出了批判，并在各个维度对其作出了推进和改善，从而合理地彰显出自身就是一种规范性哲学。

  第二章主要关注黑格尔关于概念和判断的规范性思想。在康德哲学中，知性及其范畴最终来源于统觉的原始综合统一，而先天综合判断正是一种蕴含规则和意义的判断，黑格尔弥补了康德关于概念与实在分裂的理论缺失，确立了绝对理念论的概念观。这种观点认为，概念并不来自人为的捏造，而是自我构成的，这保证了我们对于概念的谈论就是对现实生活结构的谈论。人们借助概念的言说就不是囿于主体自身的私人语言，而是开启了公共交往的基础，并对现实世界作出了某些承诺，他人也就具有了认识这种承诺的可能性的期待。在"具体概念"中，普遍性、特殊性和个别实现了内在的同一性，概念也就具有了指涉现实个体的可能性。判断延续了概念所具有的规范性作用，作为系词的"是"表达了主词和宾词的内在联系，展示了两者必然的同一性。通过判断，个别物获得了普遍性的内在规定，这也是个别物是其所是的根据和理由。下判断不仅意味着相互规定对方的主词和宾词在某种意义实现了同一，也使个体物获得了规范自身的普遍性。

  第三章试图通过理论范畴和社会范畴来沟通黑格尔逻辑学和法哲

学之间的关系，以此证明法哲学是黑格尔逻辑学在社会文化领域中的具体应用。逻辑学具有规范人类思维的作用，而法哲学则具有规范人类行动的作用。这种规范性作用主要体现在黑格尔关于"现实"这一概念的说明上。现实作为现存与本质的统一体，不仅包含着理性的因素，还存在一种现实化自身的必然性，这种理性因素内含着对现存之物的规范性评价。现实之物并不存在于彼岸世界，而是内在于现实世界之中。规范性的评价标准就来自现实之物的理性结构，而这种理性结构之所以可能就是因为逻辑学的保证。此外，意志作为法哲学不断演绎的基础和出发点，其本性是自由的，这就预示着法哲学从抽象到具体的过程就是人类意志不断完善，不断走向自由的过程。

第四章论述了抽象法所体现的规范性原则，这一原则是通过具有禁令形式的"不得伤害他人或从人格中所产生的东西"这一消极的规范性法则实现的。具体而言，占有中人对物的关系也暗含着人与人之间的关系，那就是对财产的占有包含着对他人的承认。基于承认之上的社会关系就构成了契约。契约的实现是通过更高的同一性的实现来完成的。一方面，这种共同意志保证了个人意志的实现，个人通过契约完成了所有权的转让；另一方面，共同意志自身也得以实现，基于相互承认之上的财产关系把人们纳入一个相互关联的社会之网。由于缺乏更高法权的保证，契约内部蕴含着破坏契约行为的可能性，这就是犯罪。犯罪行为的本质就是虚无性，也就是说，法具有客观性，不能因其损害而被消除。对于虚无性的否定只有通过刑法才能得以实现，这种否定本质上是现实性对虚无性的否定。

第五章是对道德相关内容的论说。黑格尔所讨论的并不是通常所说的道德现象，而是将道德看做一种权利关系。道德权利的主要内容是其主体性原则，这一原则使我们有权作出自己的行动，这种自由的行动本身又要求我们对此行动产生的结果负责。因此，在道德中需要解决的问题就是：我应当凭借意志做什么？这一问题关系着一个规范性的原则，即"成为一个主体，并尊重他人为主体"。一方面，它要求必须尊重其他的主体，亦即承认他人的行动是由主体的自由意志造成的；另一方面，其规范性要求为：不得责难并非由主体的自由意志造成的行动。这也就要求我们只对主观上的意志过错负责，道德立场由此是一个有限的或应当的立场，它最终只能带来形式上的判断。它预先设定了某些规则，而它所面对或要处理的是对主体来说偶然给予的特定内容，这就需要超越道德立场而进入伦理世界。

第六章说明了伦理世界的规范性。作为"第二自然"的伦理是现实存在的具有实体力量的存在者，能够规范和指导生活于其中的个人。伦理实体由此可被视为权利与义务统一的实体。黑格尔将伦理实体划分为家庭、市民社会和国家三个不同的环节，每一环节内部都蕴含着不同的规范性原则，同时也体现了不同的权利义务关系。家庭是以爱为原则的，是以天然的血缘关系为其纽带而组建的生活共同体。市民社会处理的是具有独立人格之间的经济关系，他人只是个人用来满足需要的手段。只有在国家之中，才真正实现权利与义务的统一。

第 一 章
一种黑格尔式的规范性理论是否存在

西方哲学传统一直把对知识基础问题的说明作为哲学探讨的核心问题之一。在围绕着知识基础问题的阐释中，始终存在经验主义和理性主义的争论。在经验主义内部，无论是传统的经验主义，还是现代逻辑实证主义，都秉持一种相同的认识论预设，即感性经验是知识的唯一来源，知识的基础来源于经验性的感觉材料。这种观点与理性主义的知识观针锋相对，后者认为天赋观念是知识得以实现的唯一保障，知识的基础在理性中才能得以证成。事实上，这种对知识基础进行的经验主义阐释蕴含着某种二元论的观点，它将认知主体和作为认知对象的感觉材料区别开来，认为两者都是客观存在的，双方存在着一种直接的认识关系。为了确信知识的存在，认知主体就需要找到直接的、无可怀疑的知识，这个知识就是"所予知识"。这样一来，作为感觉材料的"所予知识"无须任何中介，直接呈现在我们的意识中。我们对感觉材料的认识就是直接的、真实的和无须证明的，从感觉材料获得的直接知识也就成为一切认识的可靠基础。这种对知识基础进行说明的观点也就被塞拉斯称为"所予神话"。然而，塞拉斯对这种所谓的"所予神话"是持批判态度的，并通过区分理由的逻辑空间和自然的逻辑空间，为黑格尔规范性理论的探讨奠定了基础。

第一节　塞拉斯等人论"理由空间"

对于康德来说，范畴和无条件的道德法则构成了人们经验世界和自由行动的规范，但它们并非是由外部世界强加给人自身的，而是人"主观"产生的。范畴作为经验成其可能的客观条件完全是自发的，是一种"自己产生表象的能力"①。作为纯粹概念，范畴不能产生于经验，因而不能由对象决定，相反，范畴决定对象。正如纯粹直观形式不是外在于主体的形式，而是我们一切直观的主观条件，纯粹概念或范畴同样不是对外在形式的感知，而是人类经验的主观条件。也就是说，范畴塑造了现实世界，它们是具有客观有效性的主观思维条件。

相似地，作为决定自由意志的无条件的道德法则在客观上也是有效的，同样可以决定可感知的现实世界。但是，法则本身不能凭经验得出，因为如果决定意志的法则是经验性的，那么意志就没有了自主性，人们的行动就会是非自由的和非道德的。康德认为，决定行动的需要两个条件：一个是作为规律的客观条件，另一个是作为目的的主观条件，只有当这两个条件重合时，人们才会产生道德行为。真正的道德行动之所以可能，是因为意志赋予的规则将主观和客观条件结合在了一起。总之，在经验世界和人类行动这两方面，康德都认为人们的行为都可以通过具有客观有效性、但来自人们主观思维的规范来实现。

塞拉斯援引康德哲学对一切形式的"所予神话"进行了批判，由

---

① 康德：《纯粹理性批判》，邓晓芒译，人民出版社2004年版，第52页。

此确立了德国古典哲学的规范性研究进路。麦克道尔和布兰顿改造了塞拉斯的"理由空间"思想，认为康德哲学完成了哲学领域内的"规范性转向"。康德试图向我们证明经验是客观的，他认为，对经验进行判断是根据普遍有效的规范进行的，这些规范的有效性最终奠立于先验的综合统一中，这就使得规范虽然最终被视为是建立在先验主观性的基础之上的，但它却不具有任意性，它也不是经验的主观偏好，而是普遍有效的。在康德那里，所谓的经验，也就是根据一个规则（概念）综合多种直观所形成的。然而，布兰顿等人认为，康德哲学内部的矛盾需要将规范性研究推向一个新的高度，而黑格尔哲学在某种程度上是对康德哲学的"推进"或"完成"。在批判康德哲学规范性理论缺乏对概念如何应用于经验的说明，以及无法解决概念规范的起源等问题中，黑格尔不仅完善了对概念和判断的规范性说明，也力图克服康德哲学内部的二元论，最终将社会视为规范和价值的来源。

一、"所予神话"批判

在当代分析哲学中，经验主义所予论的主要代表人物是刘易斯（C.I.Lewis）。[①] 刘易斯认为，传统的经验主义和理性主义都具有相同的知识论预设，即两者都试图把所谓经验的东西与心灵的东西分离开来，而这种预设在刘易斯看来是错误的。一方面，刘易斯反对以柏格森为代表的经验主义，后者将知识完全看作是一种所予知识，难以解

[①] 同样可归于"所予论"的理论包括石里克的"基本判断"说、罗素的"亲知"（acquaintance）概念和艾耶尔的"感觉材料"理论。

决错误事实存在的问题;另一方面,刘易斯认为把知识仅仅归结为概念的传统理念论的观点也是不可理喻的,其错误在于脱离感觉材料去建构知识的做法会使知识没有稳固的基础。

通过接受康德对知识构成条件的先天说明,刘易斯认为真正的经验是感觉材料在思维中构建出来的,两者是水乳交融、不可分割的。这也就意味着,知识是由所予知识和先验概念两个部分构成的,知识的产生就是理性主体运用先验概念整理所予知识的结果。首先,所予知识作为知识构成内容的条件,是由外部世界所给予的,并且它是作为直接呈现于人的感觉中的当下被给予的感觉材料。但这种所予知识并非外部世界本身,而是外部世界的表象,仅仅是一种感觉性质。其次,作为决定知识产生的思维形式,主要是以概念的形式出现的,它在知识的形成过程中处于积极主动的位置。概念并非传统理性主义者所认为的来自天赋观念或理性之光,而是一套意义系统。通过确定概念在整个意义系统中的位置来确定具体概念的定义。这就使概念可以脱离所予知识获得独立的意义,因此概念也就是先验的。刘易斯用实用主义原则改造了康德哲学的范畴体系,认为人们对概念的选取和运用是以实用性为基本原则的,作为先天真理的概念不是一成不变的,"先天真理由心灵所创造,心灵自然也可改变它。"① 这种实用性所具有的历史社会特征使概念的内容和种类不是一成不变或永恒的,而是随着社会历史条件的变化而不断改进的。

对概念的强调使刘易斯克服并超越了早期实用主义所持有的经验

---

① Clarence Irving Lewis, *Mind and The World-order*: *Outline of a Theory of Knowledge*, New York: Dover Publications, 1929, p.233.

主义的弊端，以此建构了自己的"概念论的实用主义"。这一观点在某种程度上也解释了错误事实存在的原因：由于经验来自概念的整合作用，对相同感觉材料的认识，因某人所处环境和所持立场的不同，从而使其对感觉材料的认识不同，这就有可能出现错误认识。筷子在水中会弯曲的社会事实证明了即使面对相同的所予知识，也会出现错误认识的可能性。我们可以看出，在刘易斯的经验概念中，虽然存在着概念的主动统合作用，但只有所予知识是稳定不变、不可错的，它对于任何人都是相同的，因此，所予知识在知识的建构中起着一种基础主义的作用，它是知识得以建构的基础，离开了所予知识，我们就不能得到客观有效的知识。

刘易斯的"所予论"遭到了塞拉斯的驳斥，塞拉斯将那种认为存在一种稳定不变的"所予知识"的看法称为"所予神话"，并在《经验主义与心灵哲学》中对此进行了批判。

塞拉斯首先严格区分了"看（seeing）"的逻辑和"看上去（looks）"的逻辑，以此来反对感觉材料论混淆两种逻辑关系的观点。感觉材料论认为，我们能够通过使用"看上去"的语句来获得对日常生活中经验的理解，例如，"这条领带看起来是绿色的"意味着"这条领带在标准条件下对于观察者来说是绿色的"，以此为"领带是绿色的"提供基础。也就是说，观察者通过感觉材料所得到的感觉经验为命题的形成奠定了基础，"看上去"在逻辑上是先于"是"的。但是，塞拉斯认为感觉材料论混淆了以下两个观点：

（1）存在某些"内在片断"，例如，关于一个红的三角形或关于C#声音的感觉；

（2）存在某些"内在片断"，它们非推理地认识到（例如）某个是红的三角形的或者（就声音而言）是 C#。[1]

（1）仅仅是一种感觉，它发生在完全私人化的内部感觉中。我们只能对这种认知感觉进行外在的语言描述，并且我们对此不能说出任何实质性内容。与之不同，当我们在进行（2）这项活动时，我们就是在进行判断并谈论知识了。内在的私人感觉超出自身获得了自己的存在，成为我们语言所谈论的事实。由此，塞拉斯认为，经验主义的内在诉求是矛盾的：它不仅要求感觉材料对于认知者来说是直接的、无须证明的，还要求对于知识本身应该是习得的。所谓习得，意指通过概念进行整理和传承。感觉材料自身的性质决定了我们可以直接获得一个关于看的红色的感觉或一个听的 C# 的感觉，这种感觉是直接提供给我们的，是不需要习得的。但与此同时，要想知道哪些颜色是红的，哪些声音是 C#，却必须预设概念的先行存在。这种既要求有感觉材料的直接性，又需要概念先行的做法是矛盾的。这种矛盾的产生根本上来源于对"看"和"看上去"两种逻辑的混淆。

就此而言，感觉材料论面临着一个对以下三个互不相容命题进行调和的困境：（1）对感觉材料的感知内在蕴含着非推理性的（即直接的）获得感觉材料；（2）获取感觉材料的能力是非习得的；（3）X 是 Φ 这种形式是通过学习，即通过概念习得的。对于这三个命题，感觉材料论者都是必须予以承认的。首先，如果放弃第一个命题，那么感觉材料需要靠推理或中介才能获得，这样一来，它就不能直接构成知识的基础。其次，承认获取感觉材料的能力是习得的，就意味着取

---

[1] 参见［美］塞拉斯：《经验主义与心灵哲学》，王玮译，复旦大学出版社 2017 年版，第 27 页。

第一章 一种黑格尔式的规范性理论是否存在

消了概念与感觉材料之间的关系。最后，对第三个命题的放弃也就同时违反了经验主义的唯名论传统。因此，这三个命题内容虽然是互不相容的，但却都是感觉材料论所坚持的，这就是感觉材料论面临的理论困境。塞拉斯由此断定"所予神话"是错误的。刘易斯虽然看到感觉材料中渗透着概念的要素，但在塞拉斯看来，这种混杂着概念的感觉材料依然是一种"所予知识"，因而是不存在的。

事实上，塞拉斯认为，感觉材料论的错误就在于未能将直接的感觉经验和概念化的知识区分开来。直接的感觉经验是一次性的当下给予，涉及的是内在感觉活动，它是由于自然的因果作用而发生的，并不是一种知识，不具有命题性质，而仅仅是"意向体系的一个必要条件"①。概念化的知识是普遍性的感觉认知，它关涉的是知识之间的推理关系。我们只有使用概念或语言才能获得这种知识，因此它属于理由的或规范的领域，这就是"理由的逻辑空间"。这种具有推理性特点的规范问题不能还原为自然领域的因果分析，它们具有截然不同的性质和特点。

塞拉斯"所予神话"批判的真正内涵不在于否认经验知识有一个无可怀疑的基础，而是在于拒绝存在所谓的纯粹的经验知识，拒绝具有所予功能的东西的存在。后者从根本上来源于笛卡尔所开创的哲学传统。虽然我们可以把笛卡尔哲学称之为近代理性主义的代表，但他依然承认经验知识的存在，他所开启的知识论中的主客二元预设也是大多数近代哲学家所认可的。笛卡尔通过哲学沉思确立了"我思"的

---

① Wilfrid Sellars, *Science, Perception and Reality*, New York: The Humanities Press, 1963, p.46.

本体论地位，但他依然承认外部世界和他内心的存在。世界上有两种在性质上根本不同的实体存在，分别是精神和物质。人们对于精神知识的认识最具有确定性，而外部世界和他心知识的认识则是通过精神知识的中介间接得到的，因而具有相当大的不确定性。这使两种知识在性质和精确程度上具有较大的不同。心灵仿佛成为一座孤岛，任何直接可信的知识都要从这座孤岛中产生。我们可以在这座孤岛上发现自己的情感、上帝和自我的知识，这些都是可以直接获得的确信知识。这样一来，孤岛之外的世界只能通过心理状态的变化才能够获得，外部世界的任何感知及其变化只能存在心灵的内部状态中。例如，我心中有一个苹果的印象，据此可以推断出外部世界有苹果的存在。笛卡尔在这里试图通过引进因果性原则来解决外部世界与内在心灵的关系问题。心灵中观念的出现是因为外部世界存在着导致此印象出现的物质，观念的变化和改变是因为外部世界物质发生了变化和改变。心灵内部知识的产生和联系都是以外部表象为前提的，甚至可以说，一个观念凭借因果联系可以引起另一个观念。经验主义者洛克也持有类似的观点，认为我们只能依靠感知和印象来能确定外部世界。洛克还引入了"复杂观念"概念，解释较为复杂的观念是如何由简单观念塑造的。

可以说，近代知识论大都采取因果性原则来解释观念与感觉、观念与观念之间的关系，并从感觉材料中推导出外部世界的存在，这就使心灵与外部世界形成了一个一一对应的因果关系。塞拉斯的"理由的逻辑空间"理论表明，以因果性的思维方式思考知识的产生是不可能的。不存在所谓原初的、不可错的基础信念，任何感觉材料都经过了概念的中介。塞拉斯由此提出"理由的逻辑空间"取代"所予知识"作为知识和认识产生的根据。理由空间不以经验作为判断知识的依据,它是一种规范性的空间,依靠理由之间的关系来确信知识的可能性。塞拉斯本人虽未能对理由空间的内涵和结构作出详细的研究,但"理由空间"概念的提出使我们开始重新认识心灵、语言和规范之间的关系,这为黑格尔规范性的研究奠定了一个坚实的基础。

二、规范性和科学自然主义

塞拉斯关于规范性的思想充分体现在下面这段话中:

> 根本在于,在将一个片段或一个状态描述为认识到的片段或状态时,我们不是在经验描述的那个片段或状态;我们是在将它置于理由的逻辑空间,即证成和能证成我们的话的逻辑空间。[1]

我们从来就没有所谓纯粹的经验知识,我们所能经验到的片段或状态,都处于理由空间之内,都渗透着概念。这说明塞拉斯哲学具有"认知和意向现象的不可化约的规范性"[2]特征。按照一般的看法,这种规范性特征排除了对事物的自然主义说明。世界上的一切事物,包括概念

---

[1] [美]塞拉斯:《经验主义与心灵哲学》,王玮译,复旦大学出版社2017年版,第61页。
[2] James R. O'Shea, "Normativity and Scientific Naturalism in Sellars''Janus-Faced' Space of Reasons", *International Journal of Philosophical Studies*, Vol.18 No.3 (2010), pp.459-471.

活动,本质上都具有一种规范性的活动特征。对概念活动的规范性特征不能使用自然主义的方式进行解释。但是,通过塞拉斯对哲学的一般态度,我们又发现塞拉斯哲学中包含着明显的科学自然主义的思想:

> 在描述和解释世界的维度,科学是万物的尺度,是什么是其所是的维度,也是什么不是其所是的维度。①

塞拉斯在这里明显继承了古希腊以来的逻各斯精神,试图用科学来解释世界的一切现象。这种强烈的对世界进行纯粹自然主义的描述就是一种非规范性的描述。它可以解释包括人的概念活动在内的一切事物。那么在塞拉斯的心目中,自然主义指的是什么?科学自然主义和规范性哪种方法才能更好地解释世界?还是说这两种方法在塞拉斯哲学中是不可分割地联系在一起的?这究竟说明了现代哲学发展中的哪些基本倾向?

目前看来,我们需要在规范性描述和自然主义描述的对立中进行抉择。学者们对于如何理解在塞拉斯哲学中出现的规范性与科学自然主义之间的矛盾大致有三种看法。第一种看法采取调和主义的立场。我们知道,世界是由人和像石头、桌子这样的自然事物构成。调和主义认为塞拉斯事实上将世界划分为规范和自然两个领域,石头、桌子这样的自然事物则只能用自然主义来解释,属于描述和解释事物的维度。像人的责任、义务等领域,无论在概念上,还是就其本身都属于

---

① [美]塞拉斯:《经验主义与心灵哲学》,王玮译,复旦大学出版社2017年版,第66页。

规范的领域。石头的概念、桌子的概念也必然是规范性的,但石头、桌子本身不是。因此,规范和自然两者泾渭分明,互不干涉。这种简单的调和主义立场无法解释自然与规范的关系问题,也与塞拉斯的部分文本相矛盾,因此未能很好地解释这个问题。

第二种立场意在将塞拉斯的科学自然主义作为其哲学的底色,理由空间的规范性则奠基于自然主义之上。这种观点的主要持有者是爱尔兰学者詹姆斯·奥谢(James O'Shea)。奥谢认为,塞拉斯希望用自然主义来解释哲学中的一切问题,但他的基本特色在于其自然主义具有一个明显的规范性转向(a Normative Turn),这种转向有助于塞拉斯对心灵、意义等问题作出不同的解释。奥谢在塞拉斯一篇不为人知的论文中发现了证明他的观点的有利论证:

> 显然,使用"应当"一词是为了引导,而不是描述。自然主义的"论题"认为,世界,包括那些使用"应当"这个词的人的言语行为——以及这个词所表达的概念涉及的精神状态——可以"原则上"不使用"应当"这个词或其他规定性表达来描述……自然主义向我们呈现了对世界(特别是人类行为)的纯粹描述的理想,这种描述简单地说明了什么是事物,而在任何方面都没有说明它们应当是什么或不应当是什么;很明显,在这样的描述中既不能使用"不应当",也不能使用任何其他规定性的表达。[1]

---

[1] Wilfrid Sellars, "Counterfactuals, Dispositions, and the Causal Modalities", in *Minnesota Studies in the Philosophy of Science, Vol. II*, Herbert Feigl, Michael Scriven, Grover Maxwell (eds.), Minneapolis: University of Minnesota Press, 1958, pp. 225–308.

这里很清楚地表明了塞拉斯的立场，他试图用自然主义来解释事物，更重要的是还要解释"应当"本身。塞拉斯哲学所建立的规范性的理由空间，最终还要由自然主义来解释。奥谢认为，自然主义能够解释规范性的关键之处在于人类的语言行为必然符合规范的规律性，也就是说，人类语言行为不仅具有规范性特征，也具有社会历史因素，这种社会历史因素是由自然的因果规律所决定的，因此具有社会历史因素的语言规范行为必然也要由自然主义来解释，这就是塞拉斯自然主义规范性转向的"同一枚硬币的两个互相制约的侧面"[①]。这样一来，世界具有两种同构的解释模式：一方面，作为社会共享的语言行为和心理模式是规范的结果，这些规范塑造了它们；另一方面，语言行为和心理模式完全可以用自然的、非规范的因果原则加以解释。因此，塞拉斯哲学所表现的整体图景，就是"我们规范下的规则支配的语言实践，既预设了语言（和思维）与世界之间特定种类的自然因果联系的相应基础结构，又系统地维护了这一结构。"[②]

总的来看，对这一问题影响最大的解读模式是第三种立场，即由塞拉斯的弟子麦克道尔和布兰顿等人作出的。他们认为塞拉斯哲学中的自然主义是实证主义的尾巴，应当予以割除。只有规范性的理由空间才是真正的哲学之路。残余的自然主义思想也成为塞拉斯通向黑格尔哲学的阻碍。由此可见，麦克道尔和布兰顿主要继承并发挥了塞

---

① James R. O'Shea, "Normativity and Scientific Naturalism in Sellars''Janus-Faced' Space of Reasons", *International Journal of Philosophical Studies*, Vol.18, No.3 (2010), pp.459-471.

② James R.O'Shea, "On the Structure of Sellars' Naturalism with a Normative Turn", in *Empiricism, Perceptual Knowledge, Normativity, and Realism: Essays on Wilfrid Sellars,* Willem A. DeVries (ed.), Oxford: Oxford University Press, 2009.

拉斯的"理由的逻辑空间"理论，并将之与黑格尔哲学紧密联系在一起。

　　塞拉斯所提出的理由空间，是一个确证和辩护某个人所说的事情的空间，因此也是规范性的空间。人们要在这种规范性的空间里说明理由和辩护行动。麦克道尔进一步将规范性的理由空间看作概念空间。把某物放入理由空间之内就是产生某物的一般知识，就是产生某物的概念。我们的认识活动并非是随意的，而是处于规范或概念的约束中。所谓处于规范或概念的约束之中，就是要在"应当如此"的真理面前行动。麦克道尔反对塞拉斯对逻辑空间进行二分的做法，认为只存在一个逻辑空间，就是规范或概念的逻辑空间，并不存在所谓自然的逻辑空间。但我们可以通过规范的概念空间重构自然的逻辑空间。布兰顿认为理由空间是建构的，是处于规范性的社会实践领域中的，因此布兰顿的推理主义语义学使概念之间构成了一张推理之网，试图通过推论来解释意义，由此成为规范性研究的集大成者。而布兰顿对规范性的演绎开始于他对康德哲学的规范性解读。

第二节　康德哲学的"规范性转向"

　　20世纪50年代以来，美国哲学家塞拉斯、麦克道尔和布兰顿等人逐渐将美国新实用主义与德国古典哲学结合起来，开创了独特的德国古典哲学的阐释路径，为当代德国古典哲学研究注入了新的活力。

1994 年，匹兹堡大学教授罗伯特·布兰顿出版了代表作《清晰阐释：理由、推理和话语承诺》，这部书探讨的核心问题是"告诉我们是谁或我们是什么，凭借什么将我们自己与我们在世界上发现的其他种类的物体或有机体区分开来。"① 换句话说，布兰顿关注的是，当我们说"我们"（we）时，这意味着什么。这种能够说出"我们"的能力是我们作为人之存在的基础。我们是理性的存在者，对于布兰顿来说，这意味着我们是概念的承担者，我们不仅只是对各种刺激有着不同的反应，也不只是拥有基于外界条件的可预测的行为方式，而是说我们是拥有智慧的人，这使我们在他人的世界和彼此的反应中提供了以某种方式行事或有某种态度的理由。"在这个意义上，说出'我们'意味着把自己和他人放入理性的空间里，通过给出和询问来展示我们的态度以及行为的理由。"② 人的行动不是由必然的自然规律所控制，而是通过给予规则的概念来引导的。

布兰顿认为，作为理性的存在者，我们是通过一种能够使用概念的能力与其他生物区别开来的，概念不是事物的观念图示，而是决定我们正确理解事物的规则。比如，"桌子"这个概念，在我们这里并不是一个由光滑平板和桌腿组成的家具的形象，而是一个规定什么东西必须被看做桌子而不是椅子或其他物的规则。因此，布兰顿把人看做一种规范性的动物，并将这一革命性的思想追溯到康德。③

---

① Robert B. Brandom, *Making it Explicit: Reasoning, Representing, and Discursive Commitment*, MA: Harvard University Press, 1994, p.3.
② Robert B. Brandom, *Making it Explicit: Reasoning, Representing, and Discursive Commitment*, MA: Harvard University Press, 1994, p.5.
③ 韩东晖：《人是规范性的动物——一种规范性哲学的说明》，《中国人民大学学报》2018 年第 5 期。

第一章 一种黑格尔式的规范性理论是否存在

一、范畴与规范

康德认为，我们的一切知识都开始于经验，但并非起源于经验。也就是说，所谓经验就是根据一个规则（概念）综合多种直观所形成的。对于康德来说，我们的知识由两部分构成，一部分是通过时空等先天感性形式对表象杂多进行整理的内容，另一部分是通过范畴等纯粹知性概念为知识提供普遍的形式。因此，真正知识的构成不仅包括后天的感性经验，还有先天知性概念的参与，知识必然是知性思维与感性直观相结合的产物。这就意味着，认识一个对象需要通过更高层次的知性范畴将经验直观统一起来。

判断是构成知识的最小单位，知性能力的运用本质上也是通过判断来实现的。康德把知性的行动归之为判断，"以至于一般的知性可以被表象为一种判断的能力。"[1] 判断就是为感性杂多带来一种统一性，康德把这种统一性称为"规则的统一性"。[2] 在此基础上，我们可以说，理解综合判断就是要理解如何在该行为中综合直观的规则，这个规则就是概念。在《纯粹理性批判》第一版中，康德明确表示，"概念就其任何形式而言都是某种普遍的东西，是用作规则的东西"[3]，概念就是综合判断中进行统一的基础，是知识得以成立的先验条件。同时，我们也不要忘记，"思想无内容则空，直观无概念则盲"[4]，直观通过概念的把握成为知识的材料，但概念的应用之实现也

---

[1] [德] 康德：《纯粹理性批判》，邓晓芒译，人民出版社 2004 年版，第 63 页。
[2] [德] 康德：《纯粹理性批判》，邓晓芒译，人民出版社 2004 年版，第 118 页。
[3] [德] 康德：《纯粹理性批判》，邓晓芒译，人民出版社 2004 年版，第 119 页。
[4] [德] 康德：《纯粹理性批判》，邓晓芒译，人民出版社 2004 年版，第 52 页。

需要直观材料的给予。因此，经验知识只有通过概念和直观在判断中的统一才能获得。

按照康德的设想，所有的概念都是自发的，但概念亦可以分为两个不同的种类：一种是经验性概念，它们起源于知性与感性的相互作用，如"桌子""鲜花"等，它们都是在后天经验的参与下才能形成的概念；另一种是纯粹的先天概念，这些概念就是范畴。范畴是对经验概念进行综合的规范性条件，它们使经验成为可能。康德随后考察了作为纯粹概念的范畴何以能够应用于经验知识，康德把这种权利称为统觉的综合统一。在统觉的综合统一中，包括直观和概念的所有表象以及它们在判断行为中的统一都可以归结为"我思"，这样一来，这些纯粹概念都可以归结为自我意识。对经验对象的认识，只有把特定的直观置于概念之下才能实现，这些概念则成为了把直观统一起来的规则。对于任何一个概念和直观不能统一的表象，我们不可能去认识它。因此，判断就构成了经验知识的基本单位。判断是通过作为规则的概念来实现的，人类经验就是由各种不可通约的概念组成的，这就使人类经验不可避免地带有规范性的特征。

在康德看来，理论理性中的规范问题与范畴在直观中的运用是否任意相关，也就是说，在这里我们需要探讨的是，先天综合判断命题是普遍有效的，还是仅仅是主观头脑中的观念？为了证明先天综合判断是普遍有效的，康德从必然性和普遍性这两个方面进行了论证。首先，他论证了范畴是统一经验对象的必要条件；其次，他讨论了范畴对于对象的运用是任何经验都必须具有的，即普遍的，从而证明了没有范畴就不可能去经验对象。这是因为，感性直观只是给我们提供了一个在时间和空间整理的材料，直观形式并不能赋予这种材料一种在空间和时间上可延续的统一性,它们只能向我们提供直观材料而已,这种材料要想构成一个统一对象的经验,就必须置于一种"综合"的行为之下,通过这种行为,某种必然性被赋予直观材料。这种行为就是范畴的综合作用。这种行为不是感性本身的行为,而"是表象力的一种自发性行为"①。因此,把直观材料综合成一个对象并不需要因果性的参与,它毋宁是概念的规范行为。以某种方式确定一个对象行为的普遍有效性源自该行为所应用概念的有效性。经验内容的客观性取决于我们的经验内容所依据的活动的规范的客观性。

在这里,康德理论哲学中的规范问题就转变为证明"思维的主观条件怎么会具有客观的有效性"② 这样一个问题。康德认为,统觉的本源的综合统一是一切经验的必要条件,只有当我拥有这种综合统一性时,"我思"才能"伴随着我的一切表象;因为否则的话,某种完全不可能被思考的东西就会在我里面被表象出来,而这就等于说,这表象要么就是不可能的,要么至少对于我来说就是无。"③ 这种自我意识的先验统一是普遍有效的,它是任一经验的必要条件。将范畴应用于经验就是将统觉的综合统一带到经验中去。因为统觉的综合统一必然涉及判断形式,而判断的形式条件是范畴,因此,为了获得经验所需要的必要条件,这些范畴必须通过判断行为应用于经验,这种应用对所有经验都是必要的。盖伊(Paul Guyer)总结道:"整个计划是要表明范畴适用于统觉的先验统一的所有对象,正是因为统觉本身预设

---

① [德] 康德:《纯粹理性批判》,邓晓芒译,人民出版社2004年版,第87页。
② [德] 康德:《纯粹理性批判》,邓晓芒译,人民出版社2004年版,第92页。
③ [德] 康德:《纯粹理性批判》,邓晓芒译,人民出版社2004年版,第89页。

了范畴的使用。"①先验统觉的存在使范畴的使用成为必然的,我们根据范畴就能确定对对象的经验不是任意的,而是一种规范性的需要。

对康德来说,存在着经验的真正客观性,它使我们经验对象时不仅仅是主观偏好的任意强加,我们在经验对象时所依据的规范是非任意的。然而,这种经验的客观性来源于先验的主观性,即统觉的先验统一。这样一来,"意志的综合统一是一切知识的一个客观条件,不仅是我自己为了认识一个课题而需要这个条件,而且任何直观为了对我成为客体都必须服从这一条件。"②也就是说,客观性本身存在主观条件。

客观性除了具有主观条件外,还有客观条件。康德的经验主体不是自给自足的,而是由于外部世界的存在才成为可能,这也是康德驳斥贝克莱式唯心论的重要依据。康德认为,经验的自我意识只有在对象意识的基础之上才有可能,"对这种持存之物的知觉只有通过外在于我的一个物,而不是通过外在于我的一个物的单纯表象,才是可能的。"③

主观性和客观性之间的关系构成了康德规范性理论的中心问题,然而两者之间的关系并不完整,这是因为康德对先验和经验、对自在之物和作为表象的客体之间的强烈区分。首先,由主观条件使之成为的物体本身并不是真实的,而仅仅是一种表象。其次,关于客观世界

---

① Paul Guyer, "The Transcendental Deduction of the Categories", in The Cambridge Companion to Kant, ed. Paul Guyer, Cambridge: Cambridge University Press, 1992, p.150.
② [德]康德:《纯粹理性批判》,邓晓芒译,人民出版社2004年版,第92—93页。
③ [德]康德:《纯粹理性批判》,邓晓芒译,人民出版社2004年版,第203—204页。

的意识使自我意识成为可能，这种自我意识不是使经验客观性成为可能的先验自我意识，而是作为内在意识对象的经验自我意识，换句话说，先验主观性使经验客观性成为可能，而先验客观性也在某种意义上使经验主观性成为可能。这些问题的解决只有到费希特废除了康德哲学中先验与经验、现象与本体之间的区分才实现。

总结一下康德以上观点，我们的经验是客观的，原因是：对经验进行判断是根据普遍有效的规范进行的。我们的经验行为是按照规范进行的，这些规范虽然最终建立在先验主观性的基础上，但却不具有任意性，它也不是经验的主观偏好，而是普遍有效的。康德证明了这种可能性，表明这些规范是先验统觉统一直观材料的必要条件。因此，概念的客观性拥有两个不同的维度，一个是与其他概念相一致的"形式"规范，另一个是对正在合成直观材料的"实质"规范。

二、道德法则与人类行动

康德哲学的规范性转向不仅体现在理论理性中，在实践理性中也有所体现。对康德来说，真正的道德行动要想实现，作为实践理性能力的意志本身就必须完全根据无条件的法则来确定，而不能有任何经验因素的参与。在这里，意志不是通过把一个概念应用于直观上来实现的，而是通过概念本身就可以得到满足。意识的活动不同于范畴的认识活动，但它仍然涉及概念对客观对象的应用，因此它的有效性依然是客观的。正是由于意志的决定依据的是无条件的道德法则，而不是偶然的经验条件，因此，人类不是凭借自然因果性行动的，而是在规范条件下的自由行动。人类的行动本质上只能是由规范决定的行动,而规范在概念上是明确的,这样一来,理性主体就是按照规范的概念来行动的。人类行动也就必然蕴含着概念性和规范性。

  康德的实践哲学的规范性思想最集中地体现在他对"义务"这一概念的解读中。按照康德的理解,"一个并非绝对善的意志对自律原则的依赖性(道德的强制)就是义务。"① 从这个定义中我们可以看出:首先,人类并非一个纯粹的理性存在者,也并不具有一个"绝对善的意志"。人类仅仅具有"偶然的意志",人们在行动时不免会受到主观欲望或偏好的影响。其次,人类如若按照义务行事,就需要受到道德法则的约束,这种法则只能来自自律,它要求人们遵照内心的道德法则行动。最后,义务由此就变成了沟通客观道德法则与主观意愿的桥梁。出于义务就是遵守道德法则行动,康德在《道德形而上学奠基》中总结了这一原则:

  一个出于义务的行动,应该完全摆脱偏好的影响,并连同爱好一起完全摆脱意志的一切对象,从而对意志来说剩下来能够规定它的,客观上只有法则,主观上只有对这种实践法则的纯然敬重,因而只有这条准则,即哪怕损害我的全部爱好也要遵守这样一条法则。②

  人们的意志可以通过两种方式行动:自然法则和道德法则。在纯

---

① [德]康德:《道德形而上学奠基》,杨云飞译,邓晓芒校,人民出版社 2013 年版,第 79 页。
② [德]康德:《道德形而上学奠基》,杨云飞译,邓晓芒校,人民出版社 2013 年版,第 22 页。

粹的理性存在者，即上帝那里，道德法则就是自然法则，因此，上帝的行动既是符合因果性的，又是自由的。作为"偶然的理性"存在者的人类，其行动要么依据自然因果性的自然法则，要么依据自由的道德法则。康德之前的思想家就已经注意到这个问题，普芬道夫在《人和公民的自然法义务》（De officio hominis et civisjuxtalegemnaturalem，1673）中将世间一切法则区分为神法和世俗法。①法则作为一种规范，是统治者迫使公民遵守的行为规范。它规定了什么是公民应当做的事情，并对公民的自由行动强加一些限制。因此，法则在普芬道夫那里来自上帝或统治者的命令，它们有权力或权威要求人们必须按照法则行动，并对不依照法则行动的行为予以惩罚，其区别仅在于命令的主体不同。人们的义务就在于遵守这种外在于自身的神法和世俗法。康德反对这种观点，认为无论是神法还是世俗法最终只能来源于理性，义务就是遵守理性自身制定的道德法则，这种道德法则就是作为行动主观原则的准则。这种准则不是经验性的，也不能从经验中抽象出来，而是来自纯粹理性本身。作为对每一个理性存在者而言都是客观有效的准则，对意志而言就是绝对命令。绝对命令就是道德法则的形式立法原则，它采取"应当"这种告诫式的词语来表达。这样一来，对义务的说明就必然围绕着绝对命令是否可能来展开。

绝对命令，又称作定言命令，是针对"有限的理性"存在者而言的，在上帝那里，"应当"与"是"是同样的事情。正是因为人类会受到情感或欲望的约束，才会有"应当"的法则制约人们的行动。与

---

① 参见［德］普芬道夫：《人和公民的自然法义务》，鞠成伟译，商务印书馆2010年版。

绝对命令相对的是一种称为假言命令的命令式。所谓假言命令，是一种有条件的命令式，意指为达到目的而将行为视为手段，这一过程并不涉及道德与否的问题，仅仅关心达成目的的手段是否有效，而其行动仅仅为了别的目的作为手段是善的。康德认为这种假言命令主要包括两种类型：技艺规则和机智规劝。两者皆把行为看作满足幸福和目的的手段，其区别在于目的在技艺规则那里是"已给予的"，在机智规劝这里仅是"可能的"。与之不同，作为道德法则的绝对命令是为了善本身，它是一种绝对必然的实践原则，对人们的行为具有普遍性和规范性的要求。为了达到这一要求，康德用"按照你同时认为也能成为普遍规律的准则去行动"作为绝对命令的普遍原则。这样也就要求"我们就其普遍有效性对我们的主观行动原则进行辩护，并要求我们通过善良意志来决定我们的行动。"① 同时，这一原则也排除了人们的感性经验，成为对人人普遍有效的道德法则。人们也就会把这一原则作为社会活动交往的义务承担下来。

　　履行道德义务，最根本的是为了确信自由的存在。作为人最根本价值的自由，在人们的行动中依然需要道德法则的限制。而这种限制只能依赖于理性存在者的自我立法。就此而言，我们在日常生活中经常会看到人们的行动符合了义务的要求，但在如何符合这个问题上康德又做了细致的探讨。根据道德动机和道德义务是否一致，康德把义务分为德性义务和法权义务两种形式。在德性义务中，人们行动是为了义务本身，其动机与目的相一致。这就是康德所说的"出于义务的

---

① Konstantin Pollok, *Kant's Theory of Normativity : Exploring the Space of Reason*, Cambridge: Cambridge University Press, 2017, p.257.

行动"。人们在理性之外也受到经验或欲望的影响，这使人们往往从经验或欲望出发去行动。履行德行义务有助于人们不断摆脱经验或欲望的影响，通过不断的自身完善从而实现善本身。此外，德性义务也要求人们仅仅出于将他人作为目的而行动，这样一来，自身在获得完善的同时也促进了他人幸福的产生。但在社会生活中，人们履行义务常常并非从道德动机出发，这种义务就叫做法权义务。法权常常体现为国家或集体的立法，是一种外在形式的强制规则，如果人们不履行法权义务，他就会受到法律的惩罚。这种法权义务是为了调整人与人之间的关系，因而主要体现在社会关系中，其义务内容有时来自经验。

对于康德来说，范畴和无条件的道德法则构成了人们经验世界和自由行动的规范，但它们并非由外部世界强加给人自身的，而是人"主观"产生的。范畴作为经验成其可能的客观条件完全是自发的，是一种"自己产生表象的能力。"① 作为纯粹概念，范畴不能产生于经验，因而不能由对象决定，相反，范畴决定对象。正如纯粹直观形式不是外在于主体的形式，而是我们一切直观的主观条件，纯粹概念或范畴同样不是对外在形式的感知，而是人类经验的主观条件。也就是说，范畴塑造了现实世界，它们是具有客观有效性的主观思维条件。

相似地，作为决定自由意志的无条件的道德法则在客观上也是有效的，同样可以决定可感知的现实世界。但是，法则本身绝不能凭经验得出，因为如果决定意志的法则是经验性的，那么意志就没有了自主性，人们的行动就会是非自由的和非道德的。康德认为，决定行动

---

① [德]康德：《纯粹理性批判》，邓晓芒译，人民出版社2004年版，第52页。

需要两个条件：一个是作为规律的客观条件，另一个是作为目的的主观条件，只有当这两个条件重合时，人们才会产生道德行为。真正的道德行动之所以可能，是因为意志赋予的规则将主观和客观条件结合在了一起。

总之，在经验世界和人类行动这两方面，康德都认为人们的行为可以通过具有客观有效性但来自人们主观思维的规范来实现。

第三节　黑格尔的康德批判及其规范性理论的确立

从对康德哲学的规范性转向的分析可以看出，德国哲学规范性研究的兴起不仅有分析哲学家的理论关怀，更重要的是，德国古典哲学的内在本质显示出它们就是一种规范性哲学。

康德认为，近代哲学体系大多假定，存在着不依赖于理性主体的实在事物，也就是说，我们在认识世界时，始终存在着独立于我们认知条件的实在对象，因而从某种程度上来说，近代哲学体系无不是实在论的。即便是持有"存在就是被感知"的贝克莱，当他把实在对象等同于心理情境时，也可以合法地被称为实在论。在假设实在对象存在的前提下，近代哲学体系思考的核心问题之一是：理性主体如何能与独立于主体认知条件的实在对象相互联系？在康德看来，近代哲学无力解决这一难题，在理论逻辑上不得不产生怀疑主义或独断论。康德总结道：把认知对象看作独立于认知主体的思维模式存在着内在的理论困难。康德的替代性选择就是所谓的"哥白尼式革命"，即把认识对象看做是依赖于理性主体的，从而塑造了一种理念论的思维方式。

这一"哥白尼式革命"的首要理论后果，便是修正了形而上学与认识论之间的关系。在实在论哲学中，形而上学研究实在是什么，认识论研究我们如何能够获得实在的知识，两者具有泾渭分明的界限，这正是来源于实在论哲学中认知对象和认知主体的分离。虽然我们将康德哲学视为一场"认识论转向"，但其真正的理论意涵在于康德将形而上学和认识论看做是一体的，认知对象与认知主体只能被同时思考。在这个意义上，康德哲学把传统的形而上学问题悬置起来，不再追究实在到底是什么的问题，而是考察对象对我们来说可能的条件，从而完全扭转了传统哲学的思考内容。由此，康德不再仅仅关注"涉及事实的问题"，而是更为重视"有关权利的问题"。这一转向就是先验哲学。

为了避免误解，康德首先撇清与贝克莱哲学的关系。依照传统看法，贝克莱将认识对象看作完全是由认识主体造成的，认识对象完全依赖于认知主体。康德对这一问题的回答不在于认识对象被认识主体塑造的程度，理念论不纠缠于事物的存在状态，而只是考察认识对象的先天条件。认识对象并不是单纯由我们的表象所创造的，而是由我们的表象与知性范畴通过创造力创造的。这样一来，康德与贝克莱的"理念论"就区别开了。但是，康德并没有放弃对认识对象和认知主体之间关系的说明，而只是将之纳入进先验哲学的框架内予以说明。经验包含认知中的先天要素和后天的感觉材料。在对后天感觉材料的说明中，康德接纳了实在论的观点，主体能够表象某一经验的原因来自感觉材料的刺激，这被称为"经验性的实在论"。因而，康德不否认经验对象在某种程度上的实在性，但是他所考虑的重点是经验成为可能的条件是认知中的先天要素。哲学的中心问题发生了变化：先验哲学旨在取代实在论来说明对象与主体的关系，以此来说明对象对我们来说是如何可能的，而无须假定对象独立自存的存在。

在这个基础上，我们就可以说明康德哲学的规范性转向。康德不再考察对象的存在状态，而是关注认识对象的先天条件。他发现，所谓经验就是根据一个规则（概念）综合多种直观所形成的。这一规则或概念就成为康德探讨的核心。康德在充分批判近代经验论的基础上，通过诉诸认识主体的先验理性来为规范性奠基。康德将判断形式与规范性的责任和义务联系在一起，因而康德的认识论主体同时也是承诺判断正确性的责任主体。同时，康德的规范性转向并不是为了建立某种规范性准则，阐释我们生活的具体法则，而是探究规范性本身的构成性条件。康德立足于先验哲学的立场，将这种构成性条件归结为纯粹知性范畴的先验演绎，这些范畴就构成了知性综合统一的规范性活动准则。康德以意识的先验综合能力说明认识的可能性，以先验自我意识的统一说明知识的客观必然性，从而将规范性奠基于先验必然性。在康德看来，形式逻辑的规则并不具有客观内容，而只是纯粹的分析判断，他所阐发的先验逻辑是能够用于经验性对象的普遍法则，由此产生的先天综合判断既是普遍必然的，又具有后天经验内容，因而是有意义的，因此，先天综合判断产生的过程也是意义获得和形成的过程。康德的规范性转向开启了规范性探讨的先验理路。

作为后康德哲学的黑格尔哲学，自然是在康德哲学的影响下发展起来的。黑格尔在《逻辑学》中的一段话很好地说明了两者的继承关系：

我要提醒读者，在本书中，我常常考虑到康德哲学（这在有的人看来，可能像是多余的），因为康德哲学——不管在别处和本书中，对它的确切性以及它的说明上的特殊部分如何考察，——它总是构成近代德国哲学的基础和出发点；不管对它可以有什么非难，它的功绩并不因此而减削。①

黑格尔认为康德哲学开启了近代德国哲学的新时代，近代德国哲学的基本概念和范畴都是由康德奠定的。这可以在莱茵霍尔德、舒尔茨、费希特和谢林的哲学中看出来。虽然黑格尔对康德哲学具有如此高的评价，但他从未认可康德哲学的基本观点。② 相反，在发展和阐释自己的哲学观点时，黑格尔处处以康德哲学为对手。无论是其形而上学和知识论，还是道德哲学和自然哲学，黑格尔都展示出一幅完全不同于康德的哲学图景，这在规范性理论上自然也不例外。

我们首先来看，黑格尔哲学为何也能被看做一种规范性理论。在经过康德哲学批判后，后康德哲学不再可能回到以探讨实在对象为核心、追求实在本质的近代哲学。在《逻辑学》中，黑格尔将逻辑学分为存在论、本质论和概念论。所谓事物的本质，无非是构成事物表象或存在的思维运动。除了表象之外，没有任何所谓本质可以显露。并且，揭示出的表象并非给予的，而是构成性的。理解表象的"本质"就是理解它是在什么样的思维运动中构成的，并不存在现象世界背后

---

① [德] 黑格尔:《逻辑学》上卷，杨一之译，商务印书馆2014年版，第45页。
② 关于黑格尔与康德的关系，可参见 Sally Sedgwick, *Hegel's Critique of Kant: From Dichotomy to Identity*, Oxford: Oxford University Press, 2012; John McCumber, *Understanding Hegel's Mature Critique of Kant*, Stanford: Stanford University Press, 2013。

独立的本质世界。但存在和本质的真理只有在概念论中才能得到正确认识。因此，黑格尔所认为的本质就是表象背后的思维运动。这只能是经过批判哲学洗礼之后才能形成的观点，据此黑格尔合法地继承了康德的规范性转向。另一种解读方式殊途同归。他们把黑格尔哲学视为反对超越形而上学的内在形而上学，认为形而上学的核心不是任何超越者，而是事情本身的可理解性。逻辑学提供了实在与思维的结构性根据，因而也就成为我们理解世界基本范畴的体系。这也就说明，哲学探究的并非是实在的事物，而是事物的思想，即思想的思想。

接着，我们来说明黑格尔对康德哲学的不满之处。首先，康德没有"对规定经验的概念的规定性条件进行充分的研究。"[①] 这也就是说，他没有对概念如何能够把规范加之于经验之上进行说明。这使康德哲学未能完全摆脱表象思维的影响。布兰顿认为，黑格尔继承康德哲学的一个根本之处在于对概念规范性的承诺。判断和行动正确与否都要受到概念的评估，都要受到"个体在执行该行为时隐含的约束自己的规则或规范所决定。"[②] 康德把以前哲学家注意分析物理事实和精神事实的本体论视角转移到区分事实和价值的义务论视角上来，从此把理解概念规范可能性的性质和条件作为哲学的中心问题。黑格尔极为强调概念的理论价值，他认为，我们的言说和思维得以实现不是通过表象而是通过概念。表象思维根源于对所意识到的东西的一种素朴的信任关系，认为对表象的谈论就是对于事物本身的谈论。但是，康

[①] Robert B. Brandom, *Tales of the Mighty Dead*, MA: Harvard University Press, 2002, p.212.

[②] Robert B. Brandom, *Tales of the Mighty Dead*, MA: Harvard University Press, 2002., p.212.

德批判哲学表明，表象思维是一种感性思维和知性思维，它只能认识现象，而不能认识物自体。黑格尔明确指出："哲学是以思想、范畴，或更确切地说，是以概念去代替表象。"① 我们可以从两个方面对此进行分析。一方面，黑格尔所代表的客观唯心主义的一个基本主张就是思维与存在是同一的，人对现实世界的把握只有通过思维才可以，对世界进行思维的把握就是通过概念来认识世界。哲学的任务就是把表象提升到概念，把特殊性提高到普遍性。虽然情绪、直观、意见等表象思维是人的思想的特定形式，但终究只能提供事物的无序杂多，只有概念才能以内在必然性的方式认识世界。哲学思维并不是停留在表象思维中，而是透过现象把握具有内在规律性的概念。因此，在这个意义上，黑格尔认为，人使用概念的过程就是"绝对"自我展开的过程。另一方面，语言与概念是同一的。我们在生活世界中是通过语言进行交流的，一种特殊性思想经过语言的中介就具有了普遍性，这种普遍性就是概念。因此，对语言的使用内在地蕴含着对概念的使用。

我们可以看到，在黑格尔哲学中，人的基本的能力就是掌握和使用概念。只有掌握了概念的内涵，才能对情绪、直观、意见等表象思维有一个正确的认识。整个世界是一个逻辑构造的概念世界，我们谈论世界都是以概念或语言为中介的。这样一来，在概念之外别无他物，黑格尔为我们提供的就是一幅由概念构造的世界图景。康德认为概念规范与经验之间的关系是僵死的、静态的，黑格尔把概念内容看作产生于应用概念的过程，使概念具有动态的规范意义：概念的规范性内容除了规定性内容的产生过程之外，都是不可理解的。

---

① ［德］黑格尔：《小逻辑》，贺麟译，商务印书馆2020年版，第39页。

其次，康德没有很好地解决概念规范的起源问题。即便我们承认事物的价值在于我们的自主选择，我们还需要考虑理性本性如何去选择它的对象和内容。在康德看来，价值的标准来源于我们自身，任何价值都只能从我们的理性本性中来寻找。这样一来，理性本性对于对象和内容的选择就不能依据客观事物本身。瑞根认为，只剩下两种可能性作为理性本性的选择方式，"要么是根据人们的经验欲望进行选择，要么就是完全任意的选择"，① 而这两种都不能支持理性本身就是价值和规范的来源这一说法。对于前者来说，依靠经验欲望进行选择是一种他律，他律在康德看来不能作为价值和规范的来源，这与康德的自律学说相矛盾；对于后者来说，完全任意的选择不能解释为什么这种选择是有价值的。因此，康德认为价值或规范源自理性本身的观点是站不住脚的。因此，道德法则和道德责任在康德那里不免发生冲突。康德悖论出现的根本原因在于在物自体和现象之间的二元论分裂，康德认为作为道德责任依据的自由，首先是一种本体界所赋予的先验自由，但是任何坚持自由与道德责任有关的主张，也就是把自由看做抉择善恶的能力，都不会把先验自由等同于理性自由。而如果放弃理性自由，也就意味着放弃自律的观念。正是因为看到康德哲学中的悖谬，布兰顿认为，这是没有把概念规范看做起源于互相承认的社会的结果，只有实用主义化的黑格尔才能克服康德二元论的困境，只有把社会看做价值和规范的来源才能正确地说明规范性问题。

最后，康德哲学具有难以克服的主观主义倾向。布兰顿使用"规

---

① Donald H. Regan, The Value of Rational Nature, *Ethics*, Vol. 112, No.2（2002），pp.267-291.

范地位"(normative status)和"规范态度"(normative attitude)两个概念来说明规范性问题。规范态度是社会中理性主体互相承认的态度,规范地位是人们在社会交往中因被归属的规范态度的不同而具有的不同地位,它是根据"实践的道义态度来理解的,并将他人看做是作出了承诺或资格的。"① 依据康德哲学,我们只服从那些被我们所承认的规范,规范地位来自我们主体的实践态度,这就使康德哲学中所承认的内容完全由主观态度所决定,规范地位附属于规范态度。事实上,规范地位有其自身的独立性。黑格尔以承认为核心将二者统一起来,把规范地位看做是社会实践的产物。

综上所述,黑格尔哲学的规范性理论具有内在的合法性,对黑格尔的规范性理论进行研究,不仅是当代哲学提出的时代课题,也是重新发现黑格尔哲学内在本质的需要。

塞拉斯援引康德哲学对一切形式的"所予神话"进行了批判,由此确立了德国古典哲学的规范性研究进路。麦克道尔和布兰顿接续了塞拉斯的有关思想,通过对康德哲学不足的揭示,将规范性研究推进到黑格尔哲学。而康德哲学的内在特征也为认识黑格尔规范性理论打下了基础。康德试图向我们证明经验是客观的,他认为,对经验进行判断是根据普遍有效的规范进行的,这些规范的有效性最终奠立于先验的综合统一中,这就使规范虽然最终被视为是建立在先验主观性的基础之上的,但它却不具有任意性,它也不是经验的主观偏好,而是普遍有效的。在康德那里,所谓的经验,也就是根据一个规则(概念)

---

① Robert Brandom, *Make It Explicit: Reasoning, Representing, and Discursive Commitment*, MA: Harvard University Press, 1998, p.166.

综合多种直观所形成的。在实践领域,作为实践理性能力的意志本身必须根据无条件的法则来确定,正是由于意志的行动依据的是无条件的道德法则,而不是偶然的经验条件,使得人类不是凭借自然因果性在行动,而是在规范条件下的自由行动。黑格尔哲学在某种程度上是对康德哲学的"推进"或"完成",在规范性理论上也不例外。在批判康德哲学规范性理论缺乏对概念如何应用于经验的说明,以及无法解决概念规范的起源等问题中,黑格尔不仅完善了对概念和判断的规范性说明,也力图克服康德哲学内部的二元论,最终将社会视为规范和价值的来源。

第 二 章
概念、判断与规范性

人们使用语言进行交流。而没有概念，人们甚至不能明确地谈论一个具体的事物。哲学家显然更为依赖概念，并成为其言说大道和表达真理的主要方式，即便是质疑世界实在性的怀疑主义，也必须运用概念进行推理和论证。而神秘主义者指向的超时空、不可言说的"上帝"或"道"，也必然被要求以概念的方式表现出来。"上帝"或"道"也必然是具有特定内涵的概念。

然而，人们在使用概念和判断时也面临着一系列难以解决的难题：概念和判断是否仅仅是我们达到真理的一种手段或工具，当认识到真理时，就需要把作为手段或工具的概念或判断抛弃？概念作为一种普遍性的存在，它能否清楚地阐释出个别之物？对于像"上帝"或"道"这样的无条件者，能否用概念认识到？或者说当我们总是需要利用概念来认识真理时，是否需要假定真理的对象在概念上是确定的？像人们的快乐和悲伤等情绪，概念能否正确地表达出来？我们的语言除了使用明晰的概念，还会用到大量的隐喻，那么隐喻与概念究竟是什么关系？概念是表达真理的唯一方式吗？哲学家在进行概念的讨论时不免涉及这些问题。我们在此主要探讨如何在规范性的视角下讨论黑格尔哲学中的概念学说，当然，此处的讨论不可能涉及以上全部问题，而仅仅是展示出黑格尔对概念本质和一般特点的认识，以及它的规范性所蕴含的种种问题。

第一节　概念的规范性

黑格尔极为重视概念，几乎在他所有的著作中都不厌其烦地从各个角度论证概念的意义。例如，《逻辑学》展示的就是一条通过概念进行思维的道路，它从"有"和"无"等概念开始，借助辩证法不断演绎出新的概念，最终达到绝对。那么，这里存在的问题就是：看似发生在主观思维中的概念如何能够具有客观性呢？或者说，当我们说出一个概念时，这究竟意味着什么？对这个问题的回答不仅关系到如何理解黑格尔哲学的本质，也涉及黑格尔的概念如何具有规范效力。

一、概念与绝对理念论

在如何认识概念这个问题上，黑格尔坦言且明确地认为自己主要受益于康德哲学。正是康德的批判哲学首次将这个问题作为哲学的核心问题提了出来。在康德哲学中，知性与自我之间的关系并不是外在的，知性及其范畴最终来源于自我的内在统一，这就是统觉的原始综合统一。在这个意义上来说，知性既不是脱离自我之上的天赋的客观能力，也不是从社会生活中抽象而来的经验法则，而是由自我产生的、且具有客观有效性的主观范畴。范畴具有合理且规范进行经验活动的客观规定性，这使我们的经验具有了客观有效性。运用范畴的能力不仅是

第二章 概念、判断与规范性

一个心理事件,更是主体的活动,范畴"关于应当判断什么的规则,也是我们的经验应当(必须)如何组织的规则。"① 此外,康德认为传统逻辑只涉及纯粹的形式分析,只有先验逻辑才能成为运用于经验之上的普遍法则。在康德的解读下,先天综合判断正是一种蕴含规则和意义的判断,这种判断能力决定了我们应当承诺和负责的东西,而这种自身承诺和负责的东西,就是用来说明判断或行动正当性的理由。因此,规范性的内容和效力来源于理性自身。这样一来,在康德那里,人也就可被视为一种规范性的动物,认识主体同时也是承诺判断正确与否的责任主体。② 黑格尔高度赞扬并继承了康德的这一思想,并称为"理性批判中最深刻、最正确的见解。"③ 在这种理论背景下,黑格尔开始把对概念的探讨与自我联系在一起,并将其纳入主观逻辑的领域,因此,我们可以说,"黑格尔的康德主义是建立在他的逻辑学结构中的。"④

康德哲学指明了黑格尔进行概念探讨的道路,⑤ 但是批判哲学内

---

① Robert B. Pippin, Hegel on Self-Consciousness: Desire and Death in the Phenomenology of Spirit, Princeton: Princeton University Press, 2010, p.8.
② 在这个意义上,布兰顿认为康德是"规范性转向"的关键人物,他从关注区分物理事实和精神事实的本体论问题转向理解事实和规范之差异的义务论问题。参见 Robert B. Brandom, *Tales of the Mighty Dead*, MA: Harvard University Press, 2002;韩东晖:《人是规范性的动物——一种规范性哲学的说明》,《中国人民大学学报》2018 年第 5 期。
③ [德]黑格尔:《逻辑学》下卷,杨一之译,商务印书馆 1976 年版,第 247 页。
④ Giorgi Lebanidze, *Hegel's transcendental ontology*, Lexington: Lexington Books, 2019, p.57.
⑤ 皮平也认为,"黑格尔对康德的重要修正大多涉及他如何转化康德的概念理论,如何重新阐释康德关于概念的客观性的论述,以及如何以不同的方式处理与这类论题的理念论版本相关的主观性观念。"参见 Robert B. Pippin, *Hegel's Idealism: The Satisfactions of Self-Consciousness*, Cambridge; Cambridge University Press, 1989, p.7.

部的一些困难是黑格尔所不能容忍的。在对统觉理论进行赞扬之后，黑格尔系统地评述了康德哲学关于概念认识的错误之处。其中最为重要的是，虽然康德自称先验逻辑达成了形式与内容的统一，但黑格尔依然认为康德的理性主义仅仅赋予了概念以形式的特征，这就使康德哲学容易导致概念与实在相分离，并由此带来了两个后果。一方面，概念的形式化抽掉了内容等实在性的东西，概念也就不能包含任何真理；另一方面，自在之物作为终极实在性，始终与概念相分离，这也使主观活动不能认识真理。由此使真理的范围囿于知性所认识的有限事物，而作为绝对真理的自在之物则是不能被认识到的。可以说，在康德那里，虽然理性是概念规范效力的来源，但却缺乏绝对意义上的实在性，这样的概念就只能是缺乏内容的形式。这就把概念禁锢在主观形式之内，"未能摆脱经验主义的认知模式及其物质—形式二元论"[①]，最终难以解决客观性问题。在康德这里，谈论一个概念只是在谈论概念的形式，也只是在具有相对真理的现象世界进行这种谈论，对于背后的本体世界是无法用概念触及的。黑格尔认为，这种缺乏终极实在保证所作出的承诺并不具有根本的规范效力，他要寻求的是在绝对的意义上来保证规范效力的有效运行。

在下面的话中，黑格尔强调了概念应当具有的地位和价值：

> 逻辑的这一部分包含概念论，并构成整体的第三部分，它用了特殊的标题：主观逻辑的体系……还有什么认识对象

[①] Klaus Brinkmann, Idealism without limits: Hegel and the Problem of Objectivity, Berlin: Spinger, 2011, p.67.

第二章 概念、判断与规范性

比真理本身更为崇高!

> 为了指明一个对象的概念,似乎要以逻辑的东西为前提……现在概念固然不仅被看作是主观的前提,而且是绝对的基础。①

众所周知,在经过现象学中自然意识的发展之后,《逻辑学》开始站在概念的立场上考察真理。黑格尔把逻辑学分为客观逻辑和主观逻辑两大部分,并把主观逻辑视为概念论,这就意味着黑格尔径直把概念看做主观逻辑本身。更进一步,主观逻辑中所讨论的概念就是真理本身。由此,概念除了作为主观逻辑的基础,它还构成了绝对的基础,对概念的探讨就是在研究真理本身。由此,黑格尔开始确立了绝对理念论的概念观:

> 经验材料当它在概念之外和以前,并不具有真理,而唯有在它的观念性中,或说在它与概念的同一中,才具有真理。②

感觉材料因其偶然性,并不被黑格尔看做真理本身,真正的真理是感觉材料达到与其概念的同一。因此,

> 当思维据有一个现成的对象时,对象因此便遭受了变

---

① [德] 黑格尔:《逻辑学》下卷,杨一之译,商务印书馆1976年版,第237、239页。
② [德] 黑格尔:《逻辑学》下卷,杨一之译,商务印书馆1976年版,第257页。

化，并且从一个感性的对象变成了被思维的对象；但这种变化不仅丝毫不改变它的本质性，而且对象倒是在它的概念中才是在它的真理中；但对象若是在直接性中，便只是现象和偶然。①

这里黑格尔就把概念与主观思维联系在一起了。在认识对象时，认知主体必然通过思维能力将感性对象转化为思维对象，这种思维能力就是使用概念的能力：

形成一个对象的概念，实际上不外是自我使对象成为已有，渗透对象，并使对象在其自己特有的形式之中，即在共性之中。②

这种使用概念的能力就是普遍化、规则化感性经验的能力，并且只有通过这种能力才能认识到感性经验的真正本质。黑格尔在此强调的是对概念所表达的真理的直接认识，认识一个事物的真理就是认识它的概念。在这样的认识中，概念在黑格尔哲学中也就具有本体论的意义。因此，在黑格尔哲学中，只有凭借概念才能达到真理，谈论概念就是在谈论真理本身。这为我们使用概念作出承诺奠定了现实性的基础。

---

① [德] 黑格尔：《逻辑学》下卷，杨一之译，商务印书馆1976年版，第255—256页。
② [德] 黑格尔：《逻辑学》下卷，杨一之译，商务印书馆1976年版，第248页。

二、相互承认与自我的社会化

概念的世界就是一种真理的世界，生活于其中的人具有一种掌握和运用概念的能力，同时概念就是规则，而人类进行概念活动的能力同时就是掌握规则的能力。我们在进行判断或行动时，就会受到概念规范的影响和制约。这种概念规范规定了我们应当如何去判断或行动。如此一来，黑格尔就需要解释两个与之相关的问题：第一，这种概念是如何形成的？它为何具有普遍的规范性效力？[1] 第二，概念是否必然对所对应的个体具有规范效力？也就是说，为什么当我们运用概念时，就可以保证概念所对应的个体就是我们所谈论的对象？[2] 这也就是哲学传统上普遍与个别的关系问题：普遍因何对个别具有规范效力？

按照《精神现象学》的构想，在主体最先认识世界之初，首先是感性确定性的阶段，经过知觉、知性等阶段，主体达到了自我确定性

---

[1] 在皮平看来，康德和黑格尔都同意，人类理性所获得的非经验性知识只能是关于自身的，这种知识无法用自然主义或经验主义来解释。这就需要证明，作为这些能力或图式的先验主观表现如何能够使客观知识成为可能。西普同样认为，我们知识的确定性不在于经验或直观，而是来自我们概念本身的主观性，黑格尔式"先验演绎"的主要任务就是证明主观概念如何使客观知识成为可能。参见 Robert B. Pippin, *Hegel's Idealism: The Satisfactions of Self-Consciousness*, Cambridge: Cambridge University Press, 1989; Ludwig Siep, "Hegel's idea of a conceptual scheme", *Inquiry*, Vol.34, No.1（1991）, pp.63-76。

[2] 对黑格尔哲学的研究中，很少有学者对这一问题给予特别的关注。事实上，这是哲学研究中的基础问题。黑格尔认为，当我们在说出一个概念时，同时是在意指某个事物的普遍性和个别，例如，当我们面对一张桌子而说出"桌子"这一概念时，不仅可以用来指眼前的这张桌子，还可以指"桌子"这一普遍的观念。这种观点与所谓的"指月之别"式的观点针锋相对，后者认为，我们对眼前个别的桌子的指称，无法用来描述"桌子"这一普遍的概念。

的真理，并进而认识到，知识的真理性和确定性只能存在于自我意识之中。正是在自我意识这一阶段，隐藏着概念规范产生的秘密。按照新实用主义者的观点，"称某样东西为自我，把它当做'自我'，就是对它采取本质上内在的态度。这是将它作为承诺的主体，作为可以负责任的东西。"[①] 这样一来，"自我"似乎就成了理解黑格尔概念规范性这一问题的关键概念，对于概念的理解只有通过对自我的阐发才是恰当的。

自我的一般认识只是描述性的，它仅满足于对认识对象的存在关系进行抽象的说明，既无法对自我和对象之间的责任关系进行阐释，又把自我认识的来源置于神秘之地，难以说明自我因何产生、因何而变。而在规范性意义上，自我拥有对知识和行动作出承诺或负责等规范性状态，这就使得黑格尔意义上的人类主体的独特之处不在于能够进行实体或形而上学性质上的反思，而是具有与社会冲突相关联的社会成就，人类的自由和在此基础上建立的制度就存在于这种社会成就之中。就此而言，自我蕴含着一种社会化的理论逻辑，这是通过不同自我之间的相互承认实现的。所谓承认，就是自我为自身承诺或负责的事情所给出的理由能够为他人所接受。成为一个自我意识，就是要被另外一个自我意识所承认。这也就意味着，之所以能构成一个自我，就在于它是被他者或无穷尽的另一个自我所承认的。在承认他人的过程中，自我实际上就建构了一个共同体，反过来，自我也被他人所承认，并将自我构建成某种东西，自我由此并不仅仅是最初作为主体的东西，而是一开始就处于不断与他者相互建构的过程之中，即作为特定共同体内部的成员。相互承认的结果就是具有规范结构的社

[①] Robert B. Brandom, *Tales of the Mighty Dead*, MA: Harvard University Press, 2002, p.216.

第二章 概念、判断与规范性

会共同体的产生,这就是自我的社会理论,在这个意义上,"自我和共同体是同一过程的产物,是同一结构的不同方面"①。在这种相互承认的模式中,自我和共同体同时建立,共同体的权力和所建构的规则来自自我与共同体内部成员这一身份的相互承认,就此而言,自我和共同体只有在相互承认的基础上才能获得它们的社会成就。值得注意的是,自我的承认可以区分为承认—欲望和承认—意愿,前者仅仅使自我处于欲求状态,是自我单向度的欲望表达,并不能创制约束自我和他人的规范,而承认—意愿在理性的立场上来考察自我和他人的欲求,能够创制有效的共同体规范。

如果说自我是个别的、特殊的,那么共同体就具有参与其中的所有自我的普遍性。反过来,作为内部成员的自我又受到共同体的塑造,自我由此也就具有了普遍性的特征。自我的表达也就具有了普遍性,这种普遍性就是一种规范的力量,自我通过这种规范的力量来管理自我的行动。② 这也就是说,自我真正为之负责的事情,本质上就是自己已经承诺并承认的事情。这种在共同体中作出承诺且为之负责的东西就是概念。决定概念内容的是自我作出的承诺,但承诺的内容并不仅仅是由自我决定的,而是同样也取决于他人的态度。在作出一个概念承诺时,自我可能会发现自己的承诺与所推理的承诺不一致,

---

① Robert B. Brandom, "Some Pragmatist Themes in Hegel's Idealism: Negotiation and Administration in Hegel's Account of the Structure and Content of Conceptual Norms", *European Journal of philosophy*, Vol.7, No.2 (1999), pp.164-189.
② 黑格尔的自我受到自我规范约束的思想显然来自康德,康德区分了自然领域和自由领域,前者受到自然法则的约束和制约,后者则是理由和规范的领域。可以说,规范之所以能够约束自我,本质上是因为自我本身能够承认此规范具有约束力。

这就需要自我修正自己的承诺,来回应因作出某种概念承诺所导致的冲突,这一不断修正的过程就是"经验",它推动着概念的发展,并不断确定概念的具体内容。这种应用概念规范的过程就是将概念内容与推理内容达成一致的产物。因此,自我通过应用一个概念而作出的承诺,实际上是不断协商、相互承认的结果,自我也通过不断的归因和评估将彼此结合在一起,使彼此承担相应的责任。只有在相互承认的基础上,不同的自我才能创制出共同的或共享的社会性规范。对于黑格尔来说,这种作出承诺、明确权利和责任的领域就是精神的领域,概念的规范性也在相互承认这一结构中变得可以理解。①

我们可以看到,概念是自我提出的,因而属于自我的主观活动范围,但自我所提出的概念必须得到他人和共同体的承认,这就具有了客观性的特征。这也就是说,自我的概念活动是自我立法的,它只能凭借为他人和共同体所承认的概念所作出的承诺和责任行动。由此,共同体就为自我的活动带来一种秩序,这种秩序为自我在共同体内履行特定权利和义务的活动提供了保障。这样一来,我们就获得了两种不同的秩序,首先是自我规范自身活动的灵魂秩序,其次是通过相互承认所形成的共同体秩序,两种秩序在本质上是同一的,即都是自我通过自我立法活动所产生的秩序。在对概念规范的起源进行解释之后,我们就可以说明黑格尔的概念所具有的规范性特征。

第一,规范承诺和责任的概念具有整体论的特征。在黑格尔看来,作为规范性的动物,我们是通过一种理解和运用概念的能力与其

---

① 在康德看来,概念的规范性只有在我们的经验活动之外,即先验统觉那里才能被理解。而对于黑格尔来说,社会制度的建立和存在才是理解概念规范性的关键。

他动物区别开来的，概念不是事物主观上的抽象集合，而是我们理解事物的规则。在黑格尔看来，哲学的任务就是将事物从表象提升到概念，将其特殊性提高到普遍性。直观、情感等只能提供事物的无序杂多，唯有以一种必然性的方式表现出来，才能够为人所理解和交流，承担这一任务的只能是概念。在对概念所作的特殊说明中，黑格尔一方面称概念是"独立存在着的实体性的力量"①，把概念看作存在的本质，存在只是概念的外化；另一方面，认为概念是动态的，处于不断发展的过程之中。单独来看，黑格尔的每一个概念都是独立的、可理解的，在这个意义上，我们可以说这些单独的概念是绝对的，是真理本身，但与此同时，这些概念也都是不完善的，它的内容必然要"超出"自身而与其他概念联系在一起，这些概念又是有限的。因此，全部概念必然会构成一个相互关联的整体，任何一个单独的概念只有在整体中才能得以实现和认识。②

第二，概念的整体论是一种推理主义。"掌握和理解一个概念意味着对它的推理有实践上的把握，即在能够辨识的实践意义上，知道使用一个概念能推理出什么以及这个概念从何处所推理而出。"③ 确定性的内容只有通过相互关系才能实现，单独的知识无法被认识和理解。在《精神现象学》中，黑格尔就对感性确定性进行了批判，认为

---

① [德]黑格尔：《小逻辑》，贺麟译，商务印书馆1997年版，第329页。
② 在对黑格尔哲学的解读中，布兰顿承认黑格尔是一个绝对理念论哲学家，认为他发展了一种基于不相容关系上的弱的整体论。所谓不相容，实际上是一种实质不相容（material incompatibility），这对应于黑格尔所讲的规定性的否定（determinate negation），这就是说，对一个概念的应用在规范上排除了另一个规范的应用。
③ Robert Brandom, *Articulating Reasons: An Introduction to Inferentialism*, MA: Harvard University Press, 2002, p.48.

我们不能真正认识这种基于二元论基础上的直接性的感觉经验，这种直接性的知识只不过是没有任何规定性的个别而已，真正的知识只能是一种间接知识，"间接知识是基于一种中介性关系之上的判断。"①这种通过间接的方式才能获得对认知对象的真正认识，恰恰就是黑格尔逻辑学的特点。任何特定事物背后隐藏的逻辑关系都是互相联系的，没有任何孤立的个体，也没有任何孤立的逻辑概念。就此而言，黑格尔所谓的概念就是指"由被规定的概念通过这些概念表达的承诺组成的整体推理体系。"②其中，布兰顿揭示出黑格尔关于间接知识最为核心的概念就是"中介"。中介在黑格尔那里主要是一种否定性的力量，它可以实现知识的具体化。现象学展示的就是真理性和确定性相互斗争的过程，通过使用概念呈现出的知识，这实际上是真理性与确定性之间进行协作的结果。两方显然会发生冲突，任何一方都可能会发现自己的承诺与推理的承诺不一致，这一方就必须改变自己的一些承诺，这种改变就具有规范性的特征。这一不断调整的过程就是黑格尔哲学中经验不断被推动并成为概念的过程。概念内容的确定性就是在规范性的要求下不断调整的产物。

三、具体概念及其规范效力

人们一般将概念视为来源于相同或相似个体事物之上的普遍抽象

---

① 刘钢：《真理的话语理论基础》，人民出版社2015年版，第225页。

② Robert B. Brandom, "Some Pragmatist Themes in Hegel's Idealism: Negotiation and Administration in Hegel's Account of the Structure and Content of Conceptual Norms", *European Journal of philosophy*, Vol.7, No.2 (1999), pp.164-189.

之物。例如,"桌子"这个概念就是在对形态各异的个体桌子进行抽象总结而成的,我们用"桌子"这个概念来称呼所有具有桌子基本特性的个体物,它是我们对作为个体的桌子进行思考和言说的主要方式。因此,按照流俗的解释,概念无非是一种独立于个体性之上的普遍性,这种普遍性来自对附属于它的个体性的抽象总结。这种思维方式是建立在传统哲学的形式逻辑之上的,它将普遍性与个体完全割裂开来。一方面,个体具有多个不同的特性,每一个特性都可以抽象出一个概念,"绿色的长方形桌子"可以抽象出"绿"和"长方形"等概念,但这些概念与"桌子"这个概念并没有内在的联系,因为我们依然可以在"绿色的长方形椅子"等句子中找到这些概念,因此从个体抽象而来的概念与另一个概念之间无法建立内在的联系,任何与此概念相联系的其他概念只能由外部条件强加而来。概念也就无法完整地说明每一个个体物本身。个体也似乎只能成为概念拼凑式的说明。另一方面,这样的概念只能作为一种形式的东西存在于思维之中,而作为内容的客体只能来自个体,它不能自由地决定自己的内容,概念由此成为孤立的抽象观念。总之,这种对待概念的认识既无法说明个体本身,也会让概念成为孤立的观念世界。[1]

此外,概念也不是浮现于人们心理之上的观念(notion),这种观

---

[1] 虽然这种对概念的认识来自传统哲学,但传统哲学家大多极力避免这种认识所带来的不良后果。温菲尔德(Richard Dien Winfield)就认为,这种概念观在哲学史上主要有两种表现形式:柏拉图哲学和极端的悲观主义哲学。前者认为普遍性独自成为一个领域,个体性只是虚幻的表象;后者认为只有缺乏普遍性的个体性才是真实存在的,普遍性仅仅是主观的幻觉。参见 Richard Dien Winfield, *From Concept to Objectivity*: *Thinking Through Hegel's Subjective Logic*, New York: Routledge, 2006。但无论哪种形式,其普遍性和个体性都是分离的。

点较多地与直观联系在一起。这种观点认为，概念是人们认识有限事物的工具，世界的绝对真理要通过直观才能实现。所谓直观，根本上是一种心理工具，当我们面对对象时，就会产生关于这个对象的心理内容，这种掌握立即给予东西的能力就是直观。有些哲学家之所以以直观作为认识真理的基础和必要途径，是因为对概念的不信任，他们认为在认识对象时如果使用概念，就会歪曲甚至改造对象，只有直观才能真实地呈现出对象的本来面貌。但是，基于心理观念之上的直观同样是不可靠的。例如，我们如何能够确定人们具有共同的直观？如何能够确保直观内容是真实的，而不是幻觉？在这种情况下，黑格尔站在概念一边，但对其内涵作了改变。如前文所述，根据理念论原则，黑格尔在概念中加入了主观性，将一个对象进行概念化处理，不在于将对象呈现出来，而是将立即给予的东西转化成某种形式，这种思维化的东西才是对象的真正本质，也是哲学认识的真正对象。所谓直观、幻觉等都要在概念的理解下才能认识。

为了弥补普遍性和个别性之间的鸿沟，重新奠立认识真理的基础，黑格尔提出了"具体概念"。与人们日常认识的抽象概念不同，具体概念是一个包含了普遍性、特殊性和个别三个环节的整体，它不仅仅是一些单纯的规定和抽象的观念，因而比抽象概念更为具体，甚至比任何事物都要具体，"一切别的具体事物，无论如何丰富，都没有概念那样内在的自身同一，因而其本身也不如概念那样具体。"[①]这里所说的概念指的就是黑格尔的具体概念。为了清楚认识具体概念的特有内涵，我们首先将它与另外两个普遍之物区分开来，这就是类

---

① [德]黑格尔：《小逻辑》，贺麟译，商务印书馆1997年版，第337页。

第二章　概念、判断与规范性

（classes）和属。

类，在黑格尔看来也是一种规定性，而且是"与普遍的东西不相分离的规定性。"①但它不能涵盖具体概念具有的所有环节。作为一个类，其内部包含众多的子集。但是我们无法通过类来具体认识所包含的子集，类本身"没有指明它的成员是谁，也没有说明将它们彼此区分开来的原因。"②我们可以把金星、木星等视作太阳系的行星，但"行星"这个类本身不能告诉我们其内部包含哪些成员，也不能告诉我们金星和木星等之间的关系。更重要的是，对于"精神""上帝""自我"等概念不能用类来涵盖，这些关涉绝对的概念"全然只是在自身中并为自身所充实"③，对它们的规定不能用类这样的特性来表达。同样，属也不能作为具体的概念。来自生物学的属的划分在一定程度上是必然的，并且其内部组成成员之间的关系也是清楚可知的，这在与类的比较中显得更为统一和具体，但是由于其自身的分类并不是自由的，还带有一些猜想和臆断。

因此，在探讨哲学问题时，黑格尔始终强调要站在概念的立场上认识问题，以便与表象的立场区分开来。事实上，实体的立场也是黑格尔重点批判的对象，但同时黑格尔也承认实体是概念的直接前提，也是概念的直接发生史。

任何具体的概念及事物都会有逻辑前提或中介。作为概念的概念也不例外。客观逻辑中的存在论和本质论的基础就是概念，它们构

---

① [德] 黑格尔：《逻辑学》下卷，杨一之译，商务印书馆 1976 年版，第 271 页。
② Richard Dien Winfield, From Concept to Objectivity: *Thinking Through Hegel's Subjective Logic*, New York: Routledge, 2006, p.212.
③ [德] 黑格尔：《逻辑学》下卷，杨一之译，商务印书馆 1976 年版，第 272 页。

成了概念的前史。具体而言，本质论中的实体则是概念的直接发生史。黑格尔之所以批判实体的立场，其原因在于这种立场缺乏自由的维度。这显示出黑格尔哲学中一个显著的观点：概念即自由。在黑格尔看来，实体立场的主要代表是斯宾诺莎哲学。斯宾诺莎哲学的最高概念就是实体，作为自因的实体实际上就是神。实体具有无限多的属性，广延和思维是最为常见的两个属性，其他一切个体事物不过是实体的样态。整个世界表现为由神所决定的、必然的世界。斯宾诺莎取消了自由的概念，神成为运用机械因果法则进行行动的无限力量，在这个意义上，神就是自然。人的思维如若想把握事物的本质，就只能依靠因果法则，而不能依靠感觉经验。因此，实体思维就是缺乏自由的必然性思维。这种立场是通往真正彻底哲学的必经之路，但却"不是最高的立场"①，只有自由才是哲学的真正归宿。"谁要是自己不坚决以自觉主体的自由和独立为前提，谁就无法驳斥斯宾诺莎主义"②，这里显示出黑格尔试图以自由超越斯宾诺莎哲学的实体立场。如前所述，实体并不固定为单纯的绝对物，其自身的否定性将之分成相互作用的两个实体，两个实体新的同一就是概念，也就是自由，"自由就是概念的同一性。"③从实体到概念的过渡也就是从必然到自由的过渡，这种概念超越了必然性的实体性思维，黑格尔总结道：

在概念中，自由王国打开了。概念是自由的，因为自在自为之有的同一构成实体的必然，同时又作为被扬弃了的或

---

① [德] 黑格尔：《逻辑学》下卷，杨一之译，商务印书馆1976年版，第243页。
② [德] 黑格尔：《逻辑学》下卷，杨一之译，商务印书馆1976年版，第244页。
③ [德] 黑格尔：《逻辑学》下卷，杨一之译，商务印书馆1976年版，第245页。

作为建立起来之有，而这个建立起来之有，作为自己与自己相关，就正是那个同一。①

概念是自由的直接后果是，任何概念都不能来自外在力量的强制，而只能是自在自为的自我规定。所谓自我规定，就是要破坏规定者与被规定者之间的区别，以此达到规定者与被规定者之间的同一。概念的任何规定只能来自概念本身，这也就意味着，黑格尔哲学的世界图景是一个从开端、推理到结果都是由自我推动所形成的概念之网。这里具有的规范性后果是，概念并不来自人为的捏造，而是自我构成的，这保证了我们对于概念的谈论就是对现实生活结构的谈论。除此之外，概念的自我规定将整个世界联结为一个真实的规范世界，我们在概念上作出的承诺就是对现实世界的承诺，这样一来，我们使用概念所作的承诺也就具有了现实的效力。在这个意义上，一个人借助概念的言说就不是囿于主体自身的私人语言，也不再是可随意废除或任意改变的无价值的闲谈，而是开启了公共交往的基础，并对现实世界作出了某些承诺，他人也就具有了认识这种承诺的可能性的期待。

我们已经知道，具体概念包含三个环节：普遍性、特殊性和个别。需要注意的是，这三个环节的划分在一定程度是人为的，因为三个环节及其关系是相互依赖、互为基础的，对任何一个环节进行理解的前提都是对具体概念这个整体的充分认识。莱巴尼泽（Giorgi Lebanidze）将黑格尔的概念视为一个结构，"概念一词代表一个复杂的本

---

① ［德］黑格尔：《逻辑学》下卷，杨一之译，商务印书馆1976年版，第245页。

体论结构，它由三个要素普遍性、特殊性和个别以及它们之间的关系模式组成。"①这样一来，概念对感性经验的规范性就转化到了概念内部，因此，黑格尔概念理论规范性的真正问题和困难就变成了：普遍性如何与个别联系在一起？与之相连的另一个问题是，概念的自我规定如何在主体性中得以实现？只有掌握了作为概念三个环节的特征及其逻辑关系，才有可能理解这个问题。

众所周知，普遍与个别的关系是传统上多与一关系的延续。很多传统哲学家都把普遍和个别视作独立的领域，两者之间如何沟通就是需要着力解决的问题。例如，早期柏拉图曾使用"分有"等概念来说明个别是如何从作为普遍的理念中产生出来的。理念作为不生不灭的至上存在，是个别事物成为可能的原型，个别的存在是因为分有了理念。《巴门尼德》中给出的"第三人论证"对这个观点提出了挑战：因为事物 A 分有了理念 B，那么 A 与其理念 B 之间必定存在某种程度上的相似性，但两者之所以相似，必定因为 A 与 B 共同分有第三个理念 C，这才使得 A 与 B 能够相似，因此，我们再推导 B 与 C 的相似性，以至于无穷。这就使得普遍与个别之间的鸿沟难以弥合，"分有"学说陷入了困境。黑格尔吸取了这样的经验，将普遍与个别纳入概念的结构中，并把普遍视为是自我规定、自我分化的，以此试图解决普遍与个别的关系问题。

黑格尔把普遍概念也叫做"纯概念"，因为普遍概念自身没有任何确定的内容，或者说处于一种"纯粹的自身同一关系中。"②另一方

---

① Giorgi Lebanidze, *Hegel's transcendental ontology*, Lexington: Lexington Books, 2019, p.54.
② [德] 黑格尔：《逻辑学》下卷，杨一之译，商务印书馆 1976 年版，第 266 页。

面，普遍概念本质上要进行规定，而它之所以能够进行自我规定和自我分化，其原因在于普遍概念就是否定性本身，它通过否定不断地建立各种联系。值得注意的是，黑格尔在这里没有说普遍概念内部包含否定性，而是认为普遍概念就是否定性。在下面这段话中，黑格尔总结了他对普遍概念的认识，以及普遍性如何能够分化产生出特殊性。

> 普遍的东西规定自己，所以它本身就是特殊的东西；规定性是它的区别，它只是与自己相区别。它的属因此只是：1）普遍的东西本身；2）特殊的东西。普遍的东西作为概念，是它本身及其对立面，这个对立面又是普遍的东西本身作为自己建立起来的规定性；普遍的东西侵占了它的对立面，并且在对立面中也就是在自己那里。所以普遍的东西是其差异的总体和原则，差异完全只是由普遍的东西本身规定的。①

这段话首先道出了规定性是由普遍性自我分化产生的。也就是说，普遍性本身就是特殊性，普遍性与特殊性是同一的。这听起来似乎是不可思议的，以为这又是黑格尔的诡辩法。其实，我们每个人都可以很好地理解这个观点。普遍的概念具有"双重的映象"，一方面，是向内的映象，这是对于自身的反思，意识到自己是没有任何内容的一个纯粹概念；另一方面，还有一个向外的映射，这种映射是要在他物之中进行反思，并与他物相区别，这就使自己意识到存在某种规

---

① [德] 黑格尔：《逻辑学》下卷，杨一之译，商务印书馆1976年版，第273—274页。

定性,这就是特殊性。举例来说,"石头"这个概念一方面意识到自己是个普遍性的概念,它指涉所有存在石头特征的物体;另一方面当它在与树木、植物等其他普遍概念进行比较时,会发现自己是一个与它们不同的、具有石头特性的特殊概念。此外,普遍性是特殊性的原则,在每一个特殊性概念中都能发现其普遍性概念。每一块石头都具有所有石头普遍具有的特征。在这个意义上,我们可以认为特殊性是普遍性自我分化的结果。这样一来,我们也就很容易理解个别是怎样产生的了。"当概念的统一把具体物提高到普遍性,而又把普遍的东西仅仅了解为被规定的普遍性时,这就正是个别。"① 当特殊性同时也能意识到自己是普遍性时,个别就产生了,因此,个别就是被规定的普遍之物。当石头意识到自己与所有石头一样,并具有与之同样的特征时,它就是个别的石头。同时,个别成了具体物,它是我们可以用语言谈论的概念,它包含所有被规定的普遍性。

可以看出,通过论证概念内部普遍性、特殊性和个别三者的同一,黑格尔避免了传统哲学中的"第三人"问题,也使概念内部的规范性问题得到了解答。普遍性和个别不是外在的关系,而是同一的,特殊性和个别无非是普遍性自我规定、自我分化的结果。我们在言说概念的时候,也就同时在言说其具有的普遍性、特殊性和个别,而后者仅仅是人为的结构划分。② 因此,当我们在说出一个概念时,不仅是在普遍意义上来谈论它,也可以是在指称一个具体的个体,而这个具体的个体必然是与所说出的概念是对应的。也就是说,概念与个体

---

① [德]黑格尔:《逻辑学》下卷,杨一之译,商务印书馆1976年版,第289页。
② 这里并不涉及实在的问题,而只是在使用的概念的意义上来说的。

之间是相互对应的，概念可以直接指涉个体，这就否定了使用概念认识事物会歪曲事物的观点，也否定了不借助概念就能直接认识事物的观点。总之，我们必须借助概念才能认识事物，对事物的这种认识才是一种本质上的认识。我们凭借概念谈论的世界就是现实的规范世界，概念也是我们作出承诺的媒介，并具有现实的规范效力。

第二节　从概念到判断

在对概念的三个环节进行讨论之后，黑格尔马上进入判断的世界。按照黑格尔惯常的逻辑顺序，可以很明显地看出判断是概念的下一个阶段，判断是从概念中产生出来的。黑格尔没有在判断产生之后就抛弃了对判断的讨论，他把判断称为"概念的另一种功能"[①]。因此，对判断的认识不过是深入讨论概念的结果，就此而言，"判断不仅有逻辑形式，也有逻辑内容。"[②] 概念对事物的规范性作用依然可以在判断中有效，并采取了复杂且类型多样的判断形式，这保证了人们进行有效思维的形式，但除此之外，判断还具有独特的规范性含义。

黑格尔所展示的概念结构的三个环节，是一条否定之否定的道路，他最终将讨论集中在个别上。个别作为概念回到自身的否定之否定，同时就是"概念的丧失"。[③] 个别消融了普遍性和特殊性，由此

[①]　[德] 黑格尔：《逻辑学》下卷，杨一之译，商务印书馆 1976 年版，第 293 页。
[②]　Christian Martin, "Hegel on Judgements and Posits", *Hegel Bulletin*, Vol.37, No.1 (2016), pp.53-80.
[③]　[德] 黑格尔：《逻辑学》下卷，杨一之译，商务印书馆 1976 年版，第 291 页。

被规定为排除他者的直接性。这种直接性就是"有质的一"①，就是进入实存的"这个"。因此，个别就是一个融合普遍性与特殊性的全体，它在实存世界中作为独立的一而存在。我们在实存中可以用语言谈论这个个别。与此同时，由于普遍性与特殊性又是与个别同一的，因此普遍性与特殊性都是全体。全体意味着独立，由此一来，概念的三个环节转化为三个实存的全体，每一个都独立于另外两个而存在。这是概念自身内部运动的结果，概念由此进入讨论作为全体的普遍性、特殊性和个别之间关系的判断。在这个意义上，我们可以理解黑格尔所说的"判断可以叫作概念最近的实在化。"② 需要注意的是，在判断中，三者既相独立又是同一的，其独立表现在三者都是作为一的全体，它们又是同一的，因为判断无非就是通过系词来表达三者的同一性。这种同一性也就表达了黑格尔绝对主义的立场，因此，"判断的本体论性质不是个人意识的性质或者康德的先验主体，而是绝对主体的语境。"③

在理解这种同一性之前，我们先来看看判断理论的奠基人亚里士多德是如何理解判断的。亚里士多德把判断看做纯粹形式化的思维结构，他认为任何判断都具有"S 是 P"这一形式，即通过系词"是"将主词 S 和宾词 P 联结起来。随后，亚里士多德讨论了传统形式逻辑的判断类型，如简单判断和复合判断、肯定判断与否定判断、全称判断和单称判断等。总的来说，亚里士多德判断学说的建立，基于

---

① [德] 黑格尔：《逻辑学》下卷，杨一之译，商务印书馆 1976 年版，第 291 页。
② [德] 黑格尔：《逻辑学》下卷，杨一之译，商务印书馆 1976 年版，第 293 页。
③ Jeffrey Reid, "Hegel's Ontological Grasp of Judgement and the Original Dividing of Identity into Difference", *Dialogue*, Vol.45, No.1（2006）, pp.29-43.

第二章　概念、判断与规范性

他对判断本质和功能的认识。在他看来，判断是为了反映客观事物，"那种对于某事物断言了或否认了某些东西的命题"①，判断的真假取决于事情本身的真假。判断中主词和宾词的关系就是客观存在的个别事物与普遍概念的关系，或者是物质实体与其属性或性质的关系。当现实对象不存在时，也就无法对其进行判断，判断由此也只是反映现实事物的纯形式，自身不能产生什么内容。这种把判断形式化的观点一直影响着哲学家对判断本质的认识，只有到了康德才开始把判断视为不依赖于客观对象的纯粹自我意识的产物，因而判断只能是"一个客体的间接的认识，因而是对于客体的一个表象的表象。"②这源于康德对"普通逻辑"和"先验逻辑"所做的区分。普通逻辑意指亚里士多德氏的逻辑学，它抽调了一切内容，仅仅与思维形式打交道。而先验逻辑为了确保知识的普遍必然性，只是排除掉一切经验性的内容，而保留了使经验成为可能的知性概念。康德由此把逻辑学定义为研究"一般知性规则的科学"③。先验逻辑不仅能够保障形式上的有效性，也可以涉及与先天对象有关的知性范畴。因此，作出判断是一种将感性直观形式与知性范畴综合在一起的能力，这种能力是先天综合判断得以成立的重要条件。即便如此，康德依然认为，判断无非是通过系词把主词和宾词联结起来，主词和宾词两者具有性质完全不同的、固定不变的含义。

接下来我们详细探讨黑格尔是如何对传统的判断学说作出批判和

---

① [古希腊] 亚里士多德：《范畴篇　解释篇》，方书春译，商务印书馆1959年版，第59页。
② [德] 康德：《纯粹理性批判》，邓晓芒译，人民出版社2004年版，第63页。
③ [德] 康德：《纯粹理性批判》，邓晓芒译，人民出版社2004年版，第52页。

改进,以及这种判断学说所体现的规范性特征。黑格尔认为,传统的判断学说没有把判断看做一种概念的活动。首先,传统判断学说中的主词仅仅是一个名词,而宾词是一种普遍的东西,由此才能够说出主词是什么。人们作出判断仅仅满足于知道主词是什么,这个是什么来自宾词的内容。但是这种仅在于要说出主词是什么的判断学说使主词与宾词的联系是偶然的,也就是说,宾词并不必然适用于这个主词。其次,作为联结主词和宾词的系词"是",似乎只是表示了一种直接的联系,并没有为说明这种联系提供进一步的依据,它的存在也似乎只是为了立刻识别出主词和宾词。基于这种认识,黑格尔对判断学说进行了改造。

黑格尔强调主词和宾词无论是普遍事物还是个别事物的名词,都是概念。黑格尔的概念不是僵化的抽象之物,而是一个自我规定、自由运动着的能动者,"概念规定的本性表露出自身不是一个抽象的、固定的东西,而是在自身中具有并自在地建立其对立物。"[①]因此在判断中,主词和宾词都不是固定的概念,而是主词发展为宾词。

这样一来,判断形式两端运动着的概念导致主词和宾词可以相互转化,因而两者是同一的。我们可以举个例子来说明这种关系。在"这朵玫瑰花是红色的"这个判断中,主词"这朵玫瑰花"被宾词"红色"所规定,也就意味着"这朵玫瑰花"只有在宾词"红色"中才是主词。宾词作为一个普遍之物,蕴含着主词。与此同时,宾词也不具有独立性,它只有在主词"这朵玫瑰花"才有其价值,否则单独的宾词是没有任何意义的,宾词由此附属于主词。更进一步地,"宾词只

---

① [德]黑格尔:《逻辑学》下卷,杨一之译,商务印书馆 1976 年版,第 294 页。

第二章　概念、判断与规范性

是主词的一个个别化了的规定性,只是主词的特性之一。"①"这朵玫瑰花"本身包含众多规定性,"红色"只是它的其中一个规定性,因此可以说主词也是一个包含多种规定性的普遍的东西。因而,主词和宾词是同一的。判断不是作为主词和宾词的两个概念的静态同一,而是主词转化为宾词的动态运动。

通过黑格尔对判断学说的改进,我们可以发现蕴含在判断中的两个规范性内涵。第一,在主词和宾词的关系上,"无区别的同一毕竟构成了主词对宾词的真关系。"②判断作为一种关系,本质上是一种同一关系。"首先是把主体作为对象性的固定的自我确立为基础;从这里出发才继续走向那种趋于各种各样的规定或宾词的必然运动。"③由此可以看出,宾词的规定性奠基于主词之中,主词规范和制约着宾词。作为系词的"是"也不是判断中固有的,而是展示了主词和宾词的内在联系,展示了两者必然的同一性。"系词表示主词即是宾词"④,这里的"是"也就具有规范性的含义。第二,判断本身具有了普遍的客观性含义。黑格尔在这里说出了一句关键的话:"个别物通过判断便提高到普遍性。"⑤作为个体物的主词如果不能经过判断,就只是一个没有规定的东西,主词只有到宾词那里才能获得依据和规定性,而宾词是一个普遍之物。通过判断,个别物获得了普遍性的内在规定,这也是个别物是其所是的根据和理由。总之,下判断不仅意味着相互

---

① [德] 黑格尔:《逻辑学》下卷,杨一之译,商务印书馆1976年版,第299页。
② [德] 黑格尔:《逻辑学》下卷,杨一之译,商务印书馆1976年版,第300页。
③ [德] 黑格尔:《法哲学原理》,邓安庆译,人民出版社2017年版,第39页。
④ [德] 黑格尔:《逻辑学》下卷,杨一之译,商务印书馆1976年版,第299页。
⑤ [德] 黑格尔:《逻辑学》下卷,杨一之译,商务印书馆1976年版,第298页。

规定对方的主词和宾词在某种意义实现了同一，也使个体物获得了规范自身的普遍性。

不仅如此，判断本身还具有一种本体论的地位。概念通过逻辑运动走向了判断，我们可以用语言来言说判断，因而这种逻辑运动同时反映在语言中，判断也就是一种语言形式，这使思维与语言之间存在着某种对应关系，即语言可以表现思维。同时，判断无非是普遍性、特殊性和个别之间关系的表达，这种关系旨在表达现实世界，因而判断也涉及存在，下判断也就是一种规定存在的行为，因而判断对存在就具有规范性。就此而言，在黑格尔看来，判断不是纯粹形式上的逻辑运动，也不是逻辑上的语言表达，而是具有反映思维、表达存在的本体论地位，它规范着我们的现实世界。从另一个角度看，与臆想、直观不同，凡是存在语言的地方，同时存在着某种程度的真理。语言成为思维与存在的中介。

判断是由系词"是"联结主词和宾词的语言形式。在德国古典哲学的背景下，当看到由"是"所联结的判断时，最先想到的就是费希特著名的原则"我是我（Ich bin Ich）"或"我＝我"。在这一原则中，"我"分别是判断中的主词和宾词。黑格尔对这一命题的理解和接受是通过荷尔德林才成为可能的。在《判断与存在》这篇短文中，荷尔德林开宗明义地指出："判断在最高最严格的意义上是至深的统一于理智直观的主客体的原始的划分，经过这一划分客体和主体才变得可能，这样的划分就是判断。"[①]因此，判断的主谓关系就是主体与客体之间的关系。在"我是我"中，主词是自我规定的主体，宾词是被自我

---

① ［德］荷尔德林：《荷尔德林文集》，戴晖译，商务印书馆1999年版，第196页。

规定的客体,通过系词"是",自我规定的主体变成了客观存在。这种自我规定的主体只能是"自我意识",因为只有自我意识才能把自己作为自我反思的对象。判断就可以理解为自我意识的一种自我区分。这也为黑格尔将判断作为主观逻辑提出了佐证。

此外,我们可以看到"是"或"等号"蕴含着存在的意义。在马克思的判断"1夸克小麦=a英担铁"这个等式中,小麦和铁之所以能够相等,并可以用"是"或"等号"联结起来,是因为两者都同时等同于第三种东西,这就是抽象的人类劳动。同理,在任何一个判断中,两者之所以相等,无非也是因为存在两者都能相等的第三种东西,在黑格尔的意义上,这种东西就是存在。任何事物都只是存在的自我规定和自我分化而已。黑格尔在《逻辑学》的开端提出的第一个范畴"存在",是一个抽象的直接的东西,我们可以将之表述为"存在是存在",其余的范畴都可以形成与存在相联结的判断,如"量是存在""质是存在"等。在这个意义上,我们可以说"判断就是存在"。因而,判断具有一种本体论的地位,它规范着人们的话语和存在。

第三节　判断形式及其规范性

在黑格尔对概念的描述中,我们已经看到概念内部所包含的普遍性、特殊性和个别性三个环节,后来每一个环节都被证明是一个全体,每一个环节也都同时是另外两个环节。因此,由概念所构成的判断就是在考察普遍性、特殊性和个别之间的关系。这些判断形式是我们进行思维活动和言说真理的主要形式。黑格尔把这些判断形式划分为实有判断、反思判断、必然判断和概念判断四种类型。黑格尔认为，这种划分方式不是偶然或任意的，而是来源于判断的自身规定。接下来，我们要详细考察这几种判断形式，以此观察这些判断形式是如何规范我们的思维方式的。

一、实有判断

实有判断（judgment of existence）作为黑格尔研究判断形式的第一种类型，主要讨论的是简单的主谓关系，它由具有给定特征的主词和具有普遍性特征的宾词构成。一方面，主词是"直接的东西"[①]，它仅仅是一个特定的个体，这样一个主词的存在独立于它的宾词，宾词所表达的任何特征都在主词中自有其存在；另一方面，宾词是抽象的普遍之物，它也具有自己独立的规定性，以此来展示主词某一方面的特征。因此，在实有判断中，主词和宾词都具有自己给定的规定性，两者是相互独立的。因此，宾词只是揭示了主词某一方面的规定性，实有判断因此也被黑格尔称为"质的判断"（qualitative judgment）。

黑格尔把"玫瑰花是红的"作为实有判断的一个例子。这一判断的逻辑形式是"个别的东西是普遍的"，这被黑格尔看做是肯定判断。在这个判断中，"红"是一种抽象的普遍性概念，仅仅表达了事物的某一种规定性，因此它也是个别的，"红"作为独立的普遍性，不仅可以用来形容"玫瑰花"，也可以用来表达"苹果""西红柿"等事物，同时，"红"对"玫瑰花"其他的特征漠不关心，在作出这个判断时，

---

① [德] 黑格尔：《逻辑学》下卷，杨一之译，商务印书馆1976年版，第302页。

其他的特征也未受到干扰;"玫瑰花"是一个个别的存在,但它本身包含了"红的""香的"等众多特征,是一个包含多种特性的事物,因而也是普遍的。肯定判断的逻辑形式因而变成了"普遍的东西是个别的"。主词和宾词都由于相互规定之故,而成为"个别与普遍的统一."①。

两个逻辑形式必须结合起来。我们可以得到两种结合方式。第一种可以得到的形式为"个别的东西是个别的东西"或"普遍的东西是普遍的东西"。这种相加的形式只是表达了某种自身关系,主词和宾词的关系被消解了,因而这种形式也就不再是判断了。第一种可以得到的形式是"个别的东西不是抽象地普遍的"。之所以可以得到这样的形式结构,原因在于个别的东西作为主词具有独特的规定性,因而"个别的东西的宾词本身是一个被规定的东西"②,宾词不能是普遍的。这种包含否定性词汇的形式结构就是否定判断。这种否定判断的肯定表达就是"个别的东西是一个特殊的东西。"③ 否定判断不是全部否定任何事物,主词和宾词的关系在"本质上还是肯定的。"④ 由于主词和宾词在实有判断中是互不相关的,因此这种否定判断制只涉及宾词的范围。这种否定判断的宾词是一种非普遍的东西,也是一种特殊的东西,它还未能得到规定。比如,在"玫瑰花不是红色"这一判断中,作为宾词的"红色"不仅具有颜色这一普遍性,也具有某种被规定的颜色。这种规定性也就是某种还未规定的普遍的规定性,也就是

---

① [德] 黑格尔:《逻辑学》下卷,杨一之译,商务印书馆1976年版,第307页。
② [德] 黑格尔:《逻辑学》下卷,杨一之译,商务印书馆1976年版,第309页。
③ [德] 黑格尔:《逻辑学》下卷,杨一之译,商务印书馆1976年版,第309页。
④ [德] 黑格尔:《逻辑学》下卷,杨一之译,商务印书馆1976年版,第312页。

特殊性。

在否定判断中，由于处于普遍性的宾词所涵盖的范围太广，因此它很容易演变成无限判断。这种判断是荒谬的，因而并不是一种真的判断形式，这一判断形式"不仅不包含另一规定的规定性，而且也不包含自己的普遍范围"①，比如"玫瑰花不是一头象""知性不是桌子"等。这种判断是无意义和无聊的，主词和宾词处于一种毫无关联的肯定关系中。只有主词和宾词开始自身反思，也就是破除两者相互独立的直接性时，实有判断才会过渡到反思判断。

二、反思判断

简单来说，反思判断是一种表现主词某种本质的判断形式。实有判断中的主词占据着基础的位置，宾词只是为了说明主词的某一方面的特征或状况，而在反思判断中，规定性主要体现在宾词里，它构成了反思判断作为基础的东西。宾词表现了主词的本质，"主词必须在这个做基础的东西里来衡量，并必须规定得与它符合。"②比如，在"人是会死的"这个判断中，死亡是人的本质。宾词所具有的普遍性已经不再具有直接性，而是一种"总括的普遍性"③，根据宾词所规定的主词的范围，反思判断可以分为单称判断、特称判断和全称判断。由于具有这种依据量的范围划分判断形式的特点，反思判断也可以叫做量的判断。

---

① [德] 黑格尔：《逻辑学》下卷，杨一之译，商务印书馆 1976 年版，第 315 页。
② [德] 黑格尔：《逻辑学》下卷，杨一之译，商务印书馆 1976 年版，第 317 页。
③ [德] 黑格尔：《逻辑学》下卷，杨一之译，商务印书馆 1976 年版，第 317 页。

第二章　概念、判断与规范性

宾词已经从直接的普遍性转换为本质性的规定，单称判断可以表述为个别的东西"是一个在本质上普遍的东西"①，如"苏格拉底是有死的"。作为个体的"苏格拉底"通过诉诸"有死的"这个普遍的规定性，从而成为"有死的"的一个实例。但是苏格拉底并不是唯一的个体，他和其他人隶属于"人"这一更大的类别中。当我们说苏格拉底是有死的，那么与苏格拉底属于同一类别的有些人也是有死的。因此，当"有死的"这一普遍性规定了"苏格拉底"之时，也暗含了它也在规定与苏格拉底属于同一类别的部分人。

这样一来，单称判断就进展为特称判断，主词也就成了"一些个别的东西"，判断形式成为"一些个别的东西是一个在本质上普遍的东西。"②这一判断形式虽表现为肯定的，但它同时也是否定的。因为"一些"既肯定了某些事物属于这个类别，也说明了某些事物是不被这个普遍性所规定的。"一些"也具备了普遍性，由于"一些"是不固定的，它没有指明到底是哪些具体事物，因此主词只能把自己建立为"概念规定的总体"③，所有的个体都被包含在内，"一些"因而也进展为"所有"。这就是全称判断。

在全称判断"一切人都是有死的"中，作为类的"一切人"包含所有具备人的本质的个体，但是类只能在个体之中，并与个别相连接，因此我们可以把"一切"这个形式规定拿掉，从而得到"人是有死的"这个判断。但是，虽然我们用"一切""全部"等词汇指称全称判断，但这个主词仅仅是经验的普遍性，或者叫做偶然的普遍性。

---

① ［德］黑格尔：《逻辑学》下卷，杨一之译，商务印书馆 1976 年版，第 317 页。
② ［德］黑格尔：《逻辑学》下卷，杨一之译，商务印书馆 1976 年版，第 319 页。
③ ［德］黑格尔：《逻辑学》下卷，杨一之译，商务印书馆 1976 年版，第 320 页。

我们通过经验观察到以前存在的所有人都死了，但不能保证未来的人也是有死的，"经验的全仍然是一个课题，一种应当，所以它不能表现为有。"① 这种经验性的反思只是外在的，因此反思判断不能说明主词和宾词的关系是必然的。

三、必然判断

必然判断是一种类属关系，展示的是主词所具有的一种本质规定性，这种规定性不是外在偶然的，而是主词内在固有的。这首先表现在直言判断中。在直言判断中，作为类的主词的每一个成员都具有宾词的属的性质。例如，"黄金是一种金属"，黄金就是一个类，其每个成员必然属于金属。它与实有判断的不同之处就在于系词"是"的意义不同。实有判断的系词表现的是一种有或存在的意义，而在直言判断中，系词具有了必然的含义。但是，直言判断仍然不是最高的判断形式，其主词虽然必然表现宾词，但主词是偶然的存在，与宾词的关系仍是外在的。这是因为这种必然只是表现了属和种的必然性，而作为个别性的主词与作为普遍性的宾词就其内容来说仍是偶然的，宾词所表现的本质只是主词特性的一个方面，主词还可以存在其他的本质。此外，直言判断也没有确定成员之间的区别以及主词指的到底是什么，"是金属"的并不一定是黄金，也有可能是银或铜，主词缺乏特殊性。

这样一来，我们就得到了假言判断，即"假如有 p，那么就有 q"。

---

① [德] 黑格尔：《逻辑学》下卷，杨一之译，商务印书馆 1976 年版，第 322 页。

这里似乎存在着一种因果关系，展示了有 q 的时候存在着某一个体 p。而个体 p 的存在也导致产生 q 的前提有可能是 s 或 t。因此，这种因果关系只是形式上的，主词和宾词作为直接的存在都是偶然的。假言判断中的"假如"预示了"被建立为有的，仅仅是两端的关联，不是两端本身"。p 与 q 并不必然具有因果关系，假言判断的内容仅仅是"假如"的形式，而不是主词和宾词的规定性。为了获得判断内容的确定性，假言判断必然过渡到选言判断。

在选言判断中，主词是一种具有具体普遍性的类，宾词构成了主词特殊性的总体，这些属互相排斥，彼此漠不关心。选言判断具有必然性的原因就在于选言支将主词的属穷尽。但是这些属不能通过分析主词来得到，因为这样的话，将不会有选言的形式，而会得到一个必然确定的属。因此把选言判断的主词和宾词联系起来的东西就不存在于主词，也不存在于宾词。选言判断仅仅是假定它们直接具有直接的关系。这种判断形式依然是外在形成的。

四、概念判断

在黑格尔的判断学说中，只有概念判断才是真正的规范性判断，概念判断决定了规范性。因为这里所表现的是对象与概念的关系，概念承担着善、美、正确等规范性的评价。因此，在概念判断中，"概念在其中是基础，并且因为它在与对象的关系中是作为一个'应当'。"[①] 只有在这种判断形式中，才能考察主词是否与概念相一致。

---

① [德] 黑格尔：《逻辑学》下卷，杨一之译，商务印书馆 1976 年版，第 333 页。

宾词所具有的普遍性给予主词一个规范性的评价。与其他判断形式相比而言，概念判断是客观的，表达了思维中的必然关系。我们知道，所有的判断形式都处于所谓的主观逻辑之中，此处的客观是与另外三种判断形式的主观对比得到的，在后者那里，主词和宾词在思维中是偶然地联系在一起的。

概念判断最直接的表达形式是实然判断。主词是具体个别的东西，宾词是具有独立性的概念，并规范主词的状态或地位，如"这所房子是好的"。但是这个判断依然只是主观的判断，这所房子好坏与否还需要一个外在的他者来决定，不能仅仅依靠判断形式本身来决定这个判断是否是正确的。因此，我们也同样可以得到"这所房子是坏的"这个判断。系词还只是直接抽象的，没有建立起主词和宾词的必然关系。事实上，系词在这里还不具有规定性，因而我们就得到了"这所房子可能是好的"，这就是或然判断。

或然判断包含着否定性的因素，它不能对主词进行真正的规范性评价，只有把特殊性考虑在内，判断才具有真理性，这就是确然判断。所谓特殊性，就是要考虑主词的状态，"这所房子具有什么样的一些性质是好的"。在这种情况下，"应当"与"是"合而为一，"判断在主词状态里有其根据，从而是确然的"[1]。

概念和判断是人们进行语言交流和思维活动的重要内容，其内部蕴含着深刻的规范性意义。黑格尔接纳了康德探讨概念的路径，但对康德哲学中出现的概念与实在的分离等问题作出了批评，在消解自在之物的基础上，黑格尔用绝对的意义来保证概念规范效力的有效运

---

[1] ［德］黑格尔：《逻辑学》下卷，杨一之译，商务印书馆1976年版，第339页。

行。如此一来，黑格尔在主观逻辑内讨论概念，把运用概念视为一种普遍化、规则化感性经验的能力，认识一个事物的真理就是认识它的概念，谈论概念也就是在谈论世界本身。整个世界也就是一个概念的世界，不存在隐藏在概念世界之外的自在之物，这就使概念具有普遍的规范作用。与此同时，黑格尔把自己的概念改造为具体概念，其内部包含普遍性、特殊性和个别三个环节，通过论证三个环节的同一，黑格尔解决了普遍性如何作用于个别之上的难题。

  判断作为概念活动的延续，同样具有规范性意义。作出一个判断，就是作出一个可以为之负责的承诺，他人也可以根据此承诺作出评价。判断的内部结构也规范着思维的运行。在判断中，主词和宾词都不是固定的概念，而是主词发展为宾词。宾词的规定性奠基于主词之中，主词规范和制约着宾词。作为系词的"是"也不是判断中固有的，而是展示了主词和宾词的内在联系，展示了两者必然的同一性。作为个体物的主词如果不能经过判断，就只是一个没有规定的东西，主词只有到宾词那里才能获得依据和规定性，而宾词是一个普遍之物。通过判断，个体物获得了普遍性的内在规定，这也是个体物是其所是的根据和理由。

第 三 章
从概念到行动：法的规范性

想要快速获得对黑格尔哲学体系的整体概观，较好的办法是翻阅黑格尔生前曾正式出版的《哲学科学百科全书》（*Encyclopedia*）的目录，这本书是黑格尔为展示其自身的哲学体系而出版的，并在一生中对其作出了多次的修改。① 在这本书中，我们可以看到，逻辑学与自然哲学、哲学心理学与国家学说、宗教理论与美学思想等共同存在于同一本书中，而这种方式几乎不可能出现在当代的学术著作中。在这里，我们不可能对黑格尔哲学体系所有部分之间的关系作出一个清晰的阐释，而仅仅简要地阐述逻辑学与法哲学之间的关系，以此为进入黑格尔哲学提供一个分析的样板，并揭示出法所具有的规范性内涵。

第一节 理论范畴与社会范畴

《哲学科学百科全书》出版后，黑格尔在课堂上多次讲授其中的

---

① 关于黑格尔如何将自己的哲学视为一种百科全书，参见 Tilottama Rajan, "Philosophy as Encyclopedia: Hegel, Schelling, and the Organization of Knowledge", *The Wordsworth Circle*, Vol.35, No.1（2004）, pp.6-11。

第三章　从概念到行动：法的规范性

部分内容，其关于逻辑学和法哲学的有关部分后来扩充为《逻辑学》和《法哲学原理》。《法哲学原理》广泛论述了黑格尔有关伦理学、道德哲学、历史哲学和社会政治哲学等方面的内容，因此可以称得上构成了黑格尔的实践哲学。但是，不同于我们现在学科意义上的伦理学、道德哲学和政治哲学，黑格尔将所有实践哲学的内容归结于"法"这一概念之下，因此，研究者无法按照现有的学术建制对这本书的内容进行细致的学科分类。同样的，《逻辑学》也不是在谈论亚里士多德以来的形式逻辑，而是一种黑格尔意义上的辩证逻辑。研究者对于这种辩证逻辑的内容和性质众说纷纭，甚至被一些人仅仅视为只是一种神学。鉴于黑格尔时常把他的逻辑学称之为形而上学，很多当代研究者在对黑格尔法哲学进行研究时，秉承的就是一种去形而上学的解读方式，他们如此做的理由不外乎以下几点：首先，对黑格尔逻辑学的不信任。他们对辩证逻辑的内容感到困惑，认为这不过是黑格尔自身的呓语，通过辩证法从一个概念过渡到另一个概念的做法只是黑格尔主观意义上的构想。其次，多数研究者囿于学科之间的界限，只是试图从黑格尔法哲学中找到符合本学科研究素材的内容，对它的形而上学基础采取漠不关心的态度。最后且更为重要的是，研究者们对黑格尔哲学体系本身并不感兴趣，而只是截取黑格尔哲学的部分内容为自己的论点增加一个佐证而已。[①] 基于这种五花八门的理由，现在关于黑格尔哲学的研究内容似乎显得破碎不堪。科维纲明确地对此表示反对：

---

① 关于当代学者对黑格尔形而上学的争论，参见 James Kreines, "Hegel's Metaphysics: Changing the Debate", *Philosophy Compass*, Vol.5, No.1 (2006), pp.466–480。

不要将黑格尔的法律——政治著作解读为在政治哲学方面的意见的表达，或者甚至解读为理论立场的表达，相反，要将其解读为一种体系即"哲学科学百科全书"的诸多要素。①

基于同样的立场，努佐给出了一个很好的总结，并把对黑格尔法哲学的误解归咎于当代的解释者：

导致这些问题的错误不在于黑格尔，而在于解释者缺乏一个系统的视角来记录证明程序以及两部作品的整体论点，也就是说，他们最终缺乏一个原则来理解黑格尔如何以及为什么以它们的方式和系统的位置处理某些内容。简而言之，由于忽视了黑格尔的逻辑学和法哲学所记录的整体系统结构，解释者对于黑格尔辩证法的独特性和新颖性——一方面是思辨逻辑，另一方面是他的客观精神理论——以及这与各自学科的传统和当代发展的关系，仍然感到困惑或一无所知。②

努佐把这种研究倾向归结为研究者自己看待问题的方式，并主张黑格尔的法哲学研究必须与它的形而上学紧密联系起来，这也是本书所采取的立场。同时，努佐也为我们指明了一条如何研究的道路，那

---

① [法]让-弗朗索瓦·科维纲：《现实与理性：黑格尔与客观精神》，张大卫译，华夏出版社 2018 年版，第 1 页。
② Angelica Nuzzo, "The Relevance of the Logical Method for Hegel's Practical Philosophy", in *Hegel's Political Philosophy: On the Normative Significance of Method and System*, Thom Brooks, Sebastian Stein（eds.）, Oxford: Oxford University Press: 2017, p.104.

就是采取一种"系统的视角",即把逻辑学和法哲学都放在黑格尔哲学体系中来加以考察。在考察黑格尔哲学的体系性之前,本书首先将考察在黑格尔之前的哲学家是如何证成实践哲学的,接着阐明黑格尔哲学的体系特征及其逻辑学方法,最后表明从逻辑学到法哲学的过渡可以看做是从理论范畴进展为社会范畴。

一、理性主义和经验主义的规范性之争

近代以来,欧洲出现了两种对于实践哲学规范性的证成方式,分别是理性主义和经验主义。两种哲学理论产生于相同的欧洲思想境遇,它们对认识论的某些重大问题存在着基本观点上的分歧。由于对认识的来源、基础等问题具有相反的观点,因此在实践哲学的规范性证成问题上自然有不同的看法。

理性主义认为知识来源于天赋观念,理性能够先天地参与到判断和推理等思维方式中,以此来感知或掌握世界的基本结构。理性自身可以在没有经验参与的情况下,洞察存在的基本秩序。在理性主义者看来,实践哲学规范性的证成必然是通过证明它在整个世界秩序中拥有必要的地位或证明它可以从理性法则中推断出来得到的。具有约束力和评价性的概念、制度或实践本身无非来源于理性的天赋观念。这种近代理性主义"与柏拉图不同,他们区分概念和直观,但也与亚里士多德不同,他们不认为理智概念有经验来源。"[1]因此,理性主义试

---

[1] Alberto Vanzo, "Kant on empiricism and rationalism", *History of Philosophy Quarterly*, Vol.30, No.1 (2013), pp.53-74.

图从理性法则或事物基本秩序中推导出规范性原则。判断一个人正确行动的标准，就是看他是否遵守理性先天的法则和规律。而经验主义则把知识的起源归结为经验，它利用感官收集的数据来进行判断和推理。规范性的标准来自历史、情感、传统、语言或文化。只要概念、制度或实践本身被某个人或团体认为具有强制力或约束力，就可以认为它们具有规范性的特征。只要当一个人能够遵循自己的历史、情感或文化，我们就可以认为他在正确地行动。

理性主义和经验主义对于实践规范的不同理解来自它们对于理性概念的不同解读。理性主义把理性看做知识的唯一合法来源，普遍必然的理性法则是我们行动的唯一依据，只有理性才是规范我们生活的正当理由。与此相反，对经验主义来说，理性虽然能够帮助人们整理经验材料，但不能成为规范性的证成原则，只有传统、情感和文化等经验事实才是人们合理行动的基础。例如，法律对理性主义者来说，是一种强制性的道德力量，正是由于法律来自理性先天的客观法则，它才对社会成员具有广泛的约束力。对于经验主义者来说，法律也是必需的，并非因为它是天赋的观念，而是因为它是社会团体维持社会秩序的需要，它来自活生生的社会实践经验。

黑格尔不满于理性主义和经验主义对实践哲学的证成方式，将它们斥责为"表象主义"的规范性证成方法。在《小逻辑》中，黑格尔将它们与真正的哲学进行了比较：

> 哲学缺乏别的科学所享有的一种优越性：哲学不似别的科学可以假定表象（Vorstellung）所直接接受的为其对象，或者可以假定在认识的开端和进程里有一种现成的认

识方法。①

在黑格尔看来，表象是介于直观和概念之间的一种意识形态。而无论是直观还是表象，都不能作为实践哲学规范性证成的基础。

直观是一种不经过中介、直接反映客观事物的一种认识方式。在直观中，对象可以一次性地被给予在意识中，以此实现对象与形式的直接统一。但直观只是精神活动的低级形式，首先，它仅仅是认识活动的最初环节，即便它能够从感性材料中理智直观到事物的内在联系，但这种联系也不过是以外在形象的方式包含在感性材料中。其次，直观拥有的直接性只是一种抽象的直观，它只能通过一个在场的感性对象来理解绝对，直观中的绝对成为了一种在感觉中呈现出来的感性形象。总之，直观对外在事物的认识是以感官为中介的，无法摆脱外在的感官形式而进入纯粹的思想中。

表象同样可以看做一种感性认识，但它是在感觉和知觉的基础上形成的具有概括性的感性形式，从而兼具形象性和概括性的特点。表象作为"被回想起来的直观是介于理智直观发现自己被规定的阶段和理智在其自由中、即思维的阶段的中介"②。通过这一定义，我们可以看到，一方面，表象是一种感性形式，具有产生图像和符号的精神力量；另一方面，表象立足于思想领域，能够表达对象的意义。因此，表象所显示的形象和意义是交织在一起的，它不仅可以存在于感性认识中，也可以在理性活动中占据一席之地。表象所具有的优点恰恰显

---

① ［德］黑格尔：《小逻辑》，贺麟译，商务印书馆2020年版，第36页。
② ［德］黑格尔：《哲学科学百科全书Ⅲ精神哲学》，杨祖陶译，人民出版社2015年版，第234页。

示出自身在认识绝对时的不足，表象受到直接性的制约，在认识活动中不可避免地会掺杂主观性的东西。黑格尔认为，作为近代认识论哲学代表的理性主义和经验主义，实质上就是不同形式的"表象主义"而已，是希求以表象的方式实现与对象的统一。这种认识形式还处于知性阶段，不能深入事物的内在核心去把握事物的普遍性。

此外，与表象这种认识形式相对应的认识论基础是知觉。在空间中，知觉表现为外知觉；在时间中，知觉表现为内知觉。在人们的认识活动中，对象作为一个整体进入到人的思维中，这种兼具本质和现象的整体在人的主观思维内呈现为表象中形象与意义的有机统一。这样一来，表象不仅可以反映事物之间的外在联系，也能揭露出事物的内在本质。相比于杂乱无章的感性直观，表象似乎可以把感性内容与内在本质联系在一起，成为认识绝对的最好的途径。其实不然，黑格尔把"思维与存在的同一"作为思辨哲学的最高命题之一，这一命题要求思维与存在之间、主体与客体之间不需要任何中介，因此，作为中介活动的表象必然不能完成达到哲学真理的使命。表象活动中渗透的主观性影响了我们最终把握绝对的可能性。哲学的任务就是使表象思维上升到概念思维。

就此来看，黑格尔把理性主义和经验主义实践哲学的规范性证成方式指责为"表象主义"，是基于黑格尔自身对哲学的独特认识。表象作为一种超越直观、创造图像和符号的能力，虽然其内容不依赖于对象的直接存在，但它依然只是从感觉经验中归纳出来的一个一般概念。所有具体学科都是从表象中提取的作为已然现成的内容作为研究对象。但是，这些对象都具有不稳固、不确定的规范性的地位，也就是说，这些对象介于经验直观的时空个体和概念思维的无限普遍之

第三章 从概念到行动：法的规范性

间，不能够作为其规范性证成的基础。在黑格尔看来，这种呈现对象的原因和规范性证成方法的中间状态，无力达到真正的哲学目标。

除了将它们斥责为"表象主义"之外，黑格尔在《法哲学原理》中详细分析了理性主义和经验主义不能作为实践哲学的规范性证成基础的方法论上的原因。

黑格尔把理性主义的证成方法称为"形式的、非哲学的"[①]。这种方法的任务就是寻找"法"本身的定义，而不是确定实践行为和法的具体内容。黑格尔认可法哲学的主要目的在于阐明法本身是什么，但他否定理性主义寻求"法"定义的方式。理性主义旨在通过理性直观推导出法的概念，但这种方式只不过是从表象中抽象出来的东西，在黑格尔看来，这种"定义大多从语源学演绎而来，特别是从特殊事件中抽象出来，所以是以人们的感情和观念为基础的。"[②]把从心理学中提取出来的东西作为法哲学的基础，使法的内容充满了其经验基础上的偶然性和任意性，这是黑格尔极力反对的事情。

与此同时，黑格尔把经验主义细分为两种形式，分别是主观主义和历史主义。两者都企图在感性直观中得到法的概念。它们的目的是寻求法哲学所要求的那种具体性，以便人们能够在具体中采取行动，黑格尔肯定法必须是具体的，但不认可它们证成法哲学的方法。主观主义是把"自然的或被激发起来的感情、自己的胸臆和灵感当做法的渊源"[③]。这种偶然和任意的经验基础不能作为法哲学的证成方法。相比之下，更多的人会支持历史主义的证成方法。这种方式把各种法的

[①] ［德］黑格尔：《法哲学原理》，邓安庆译，人民出版社 2017 年版，第 20 页。
[②] ［德］黑格尔：《法哲学原理》，邓安庆译，人民出版社 2017 年版，第 20 页。
[③] ［德］黑格尔：《法哲学原理》，邓安庆译，人民出版社 2017 年版，第 21 页。

原则在时间中进行考察，以此来获得法哲学的合法依据，但这种考察方式只是一种纯粹历史的研究，"历史敏感性最终揭示了它自己的偶然性"①。它常常将法律原则与现行的法律规定进行比较，以此来确定现存的法律规定自有其历史的渊源和依据。黑格尔以罗马私法为例，指出这种哲学观念的荒诞之处。罗马私法中存在对奴隶合法性的很多规定，完全是从罗马父权制中推演出来的，这是与当时的法律原则相一致的，但并不能说奴隶制的存在就是合理、合法的。因此，历史主义的叙述方式错失了哲学上真正本质的东西，它将法律规定追溯到历史，完全是一种历史的兴趣，而与哲学无关。由此可以看出，主观主义和历史主义都在寻求表象的确定性，它们的区别仅仅在于法哲学来源是主观的个人还是历史的集体。

通过以上分析，黑格尔反驳了理性主义和经验主义对实践哲学的规范性证成方式，把它们看作是"表象主义"的证成方式。表象主义的核心问题是，它们预先假定了它们的目标和方法。这种方式无疑放弃了规范性本身的基础。尽管黑格尔拒绝接受它们的基本辩护策略，但他肯定了理性主义和经验主义的基本目标，即法的概念必须被定义，法的内容必须被具体化的构想。黑格尔由此提出了整体论的规范性证成方式。

二、体系哲学及其方法

与理性主义和经验主义不同，黑格尔认为哲学不能预先假定自己

---

① Zoltán Boldizsár Simon, "Historicism and constructionism: rival ideas of historical change", *History of European Ideas*, Vol.45, No.8（2019）.

的研究对象，也不能预先说明哲学的方法或形式，否则就会有陷入独断论的危险。黑格尔秉承一种整体论哲学的观点，他没有把研究内容人为地割裂开来，单纯地就每一个具体对象进行哲学研究；也没有预先设立进行哲学研究的一套研究方法。这是他与独断论哲学不同的地方。因此，整体论哲学中的所有对象和方法必须一同建立，对象与方法也是不可分割的联系在一起。而能够这样做的原因，是因为黑格尔的整体论哲学是一种无预设的哲学。

这种哲学观似乎在教导我们，要中止或放弃假定对象和方法的做法，让我们投入到对"现象"的观察中去。通过忠实地记录现象的发展，我们可以获得现象背后不断展开的概念。这一不断展开的概念不是由于人们的主观联想，而是事物本身的内在发展。对于黑格尔整体论的证明，首先需要说明无预设的哲学是如何可能的。

从古希腊开始，哲学中一直存在着两条互相对立的哲学观。赫拉克利特认为万物皆流，事物是永恒运动的，但这种运动是按照一定的尺度和规则进行的。与之不同，巴门尼德把"存在"看做是哲学的唯一对象，认为存在是永恒的、不动的，从而否认事物处于变化中，世界的一切变化都是幻象，不能被思维予以思考。巴门尼德的"存在"哲学后来成为西方传统哲学的主流。柏拉图在此基础上发展出"两个世界"的思想，将现象与理念分属于不同的世界，理念世界是变动不居的，代表着世界运行的永恒基础，是哲学需要探索的核心领域。柏拉图强化了巴门尼德提出的把静止的存在作为哲学研究对象的观点，后世的哲学家大多是沿着这条路发展的。到了近代，笛卡尔提出了"我思故我在"的哲学纲领，将"我思"作为哲学得以成立的根基，从而把"我思"与哲学家们孜孜以求的哲学基础联系起来。近代哲学家不断探索"我思"的秘密,希望在此奠定哲学的基础。

黑格尔的整体论不预设任何开端,或者说整体中的任何一处都可成为开端。整体论既不会预先设定其对象,也不会在其对象出现之前假定认识对象的方法。黑格尔多次宣称内容和形式是同一的,这也就意味着对象和方法是一致的。对象的产生必然伴随着它的方法,对象和方法必须不可分割地同时建立。因此,哲学的任务就在于,在不假定其对象和方法存在的前提下,忠实地观察和记录研究对象的性质和发展状况。这仅仅是"它的种种规定的一种内在的进展和产物。"[1] 这种内在的进展使形式和内容真正地融合在一起,从而摒除了一切强加的设定对象和方法的独断论做法,同时也能有效地避开了怀疑主义的攻击。

既然这种观察和记录是"一种内在的进展",那么这种进展也必然是事物自身的内在发展。事物的发展要想成为内在的,它也必定是事物自身本质的完整呈现。这种事物自身的本质,黑格尔称之为"概念"。概念是一个事物之所以形成其本身的东西,是一个事物之所以区别于另一个事物的根本特征。这样一来,我们观察和记录的就只能是概念的演进与发展,每一个概念中都包含着过去的概念,也必将被下一个概念所包含。对事物的阐释就是在观察作为内在的概念如何进展到下一个概念。这种进展能够展示事物的内在的发展特征,从而揭示这个事物的本质。因此,对于真正的哲学而言,"概念的必然性是主要的事情;生成运动的过程,作为结果来说,是概念的证明和演

---

[1] [德] 黑格尔:《法哲学原理》,邓安庆译,人民出版社 2017 年版,第 73 页。

第三章　从概念到行动：法的规范性

绎"①。在黑格尔看来，这种概念的发展并不是无止境的，它只能是一种圆圈式的发展。在直线式的发展观中，为了说明一个事物，我们总要在这个事物之外去寻找一个原因。而世界上的事物是互相联系的，只有在圆圈式的发展中，事物之间才是能够相互证明，并有机地统一在一起。概念发展的过程，就是从片面的、抽象的东西开始，通过认识的不断深入，逐步认识到具体的丰富的东西。所有传统的论证方式，如作为笛卡尔开端的"我思"，都是寻找一个基础或者非推理的公理，以此推导出进一步的前提或结论。在无预设的哲学中，我们更关注的是概念的发展，它不会像独断论者那样预先假定存在一个基础或前提，无论它是"我思"或者上帝。发展的哲学观的最好说明只能是一种圆圈式的哲学，"逻辑学的思维的思维是通过同时构成逻辑思维的总体和在完全自我规定的认识中来实现的，任何东西都不能使逻辑学达到它的终点"②。在这种圆圈式的运动中，结果包含着开端，从开端而来的运动不断创发出新的规定，从而丰富了结果。

现在，我们就可以说明，黑格尔哲学的无预设立场如何能够为其实践哲学的规范性证成提供基础了。它来自黑格尔著名的"前进就是后退"这一思想。从整体论的视角来看，哲学研究可以从任何地方作为开端，事物的向前迈进就是后退，就是为了确保事物发展的非任意性。每一次的后退不是逃避，而是为了寻找事物存在的依据，寻找隐藏在事物表面背后的逻辑范畴。也就是说，是为了达到黑格尔所说的逻辑学。黑格尔认为，在概念把握自身的过程中，起初事物并不了解

---

① ［德］黑格尔：《法哲学原理》，邓安庆译，人民出版社 2017 年版，第 20 页。
② Richard Dien Winfield, *Hegel and the Future of Systematic Philosophy*, London: Palgrave Macmillan, 2004, p.97.

113

自身，只有退回到逻辑范畴中，才能认识事物内在的本质和性质。这种对于事物的纯粹抽象的思考，就是思考事物的存在本身。一个无预设的哲学必须从存在的不确定性开始，从无特殊性和具体性的客观思想开始。因此，"前进就是后退"的真实含义就在于对事物的每一步认识，都是为了反观事物的纯粹概念，现象学的每一步发展都是为了寻求逻辑学的规定。就此而言，刘创馥把黑格尔的逻辑学视为一种"它不直接描述客观世界，而是确定我们理解世界以及我们在世界中的方向所必需的基本概念"[1]。这样一来，黑格尔实践哲学的规范性证成的基础只能来自逻辑学，它自身构成圆圈式的发展阻止了独断论和怀疑主义的侵袭。

既然我们观察和记录的是一种"内在的进展"，同时要求对象和方法一起呈现给我们，这就要求我们在对象的发展过程中，不能运用我们预先给定的方法引导对象的发展，也不能依靠外在的神秘力量推动对象的发展，而只能借助对象自身的发展动力，这就是概念的辩证法。

概念的辩证法是理性的思维模式，它是与知性思维相对的。知性思维执着于分析事物，将事物抽象地分解为若干方面，通过强调某一方面来掌握事物。但这种知性的思维不能认识事物的本性，不能认识作为事物相互联系的整体，因此它只是"坚持着固定的规定性和各规定性之间彼此的差别。以与对方相对立"[2]。在《精神现象学》中，黑格尔已经指出，知性思维认识的是一种力与力的交织作用，其所认识

---

[1] Chong-Fuk Lau, "A Deflationary Approach to Hegel's Metaphysics", in *Hegel and Metaphysics*, Allegra de Laurentiis (ed.), Berlin: De Gruyter, 2016, p.29.

[2] [德]黑格尔:《小逻辑》，贺麟译，商务印书馆2020年版，第173页。

到的本质就是所谓力的规律。它坚持各个规定的界限，这种固守不变的思维方式只能认识到静止、不变的事物，陷入非此即彼的思维中，不能把握永恒变动的真正实在。

理性的思维方式就是为了打破知性思维的僵化不变，它是一种"内在的超越"。① 这种"内在的超越"是一种扬弃自身、并最终回到自身的过程。这一过程要通过自否定的机制来完成。黑格尔接受了斯宾诺莎提出的"任何规定都是否定"的说法，认为有限的事物之所以有限，是因为有他物存在，而这个他物只能是通过自己否定自己建立起来的。这样一来，自否定就包含着两个环节，首先是否定，事物在自身内设定他者，以此否定自身的片面性，这一过程将事物自身变成他物；其次，否定的否定，他物通过再次否定自身，回复到事物本身，这种回复代表着一种更高水平的发展。② 在这两个环节中，概念开始运动起来，打破了知性思维的单纯规定，概念自身完成了一个发展的圆圈。

三、法的逻辑学基础和社会范畴

我们已经清楚了黑格尔体系哲学的含义以及他所使用的方法。现在，我们回过头来看看黑格尔是如何论述法哲学的地位和意义的。在

---

① ［德］黑格尔：《小逻辑》，贺麟译，商务印书馆2020年版，第177页。
② 关于黑格尔的辩证法及其"否定"的概念，参见 Brady Bowman, *Hegel and the Metaphysics of Absolute Negativity*, Cambridge: Cambridge University Press, 2013; Karin de Boer, *On Hegel: The Sway of the Negative*, London: Palgrave Macmillan, 2010。

《法哲学原理》一书的序言中，黑格尔不断强调法哲学与逻辑学之间的关系，甚至我们可以说《法哲学原理》序言的一个主要目的就是防止我们对黑格尔法哲学的整个地位和目的作出错误的判断。

众所周知，作为黑格尔哲学体系的《哲学科学百科全书》包含着三个主要的部分——逻辑学、自然哲学和精神哲学，三者构成一个完整的体系，逻辑学是体系的核心部分，是整个体系的灵魂和指导原则，而自然哲学和精神哲学作为应用逻辑学是逻辑学在自然和社会领域的运用。后来，黑格尔多次在课堂上讲授体系中的有关内容，其中客观精神的有关内容经过扩充、整理后以《法哲学原理》为标题出版。因此，作为哲学体系的一部分，黑格尔的法哲学自然应当以逻辑学为基础。在序言中，黑格尔清楚地表达了这一想法：

> 整体也像它的各个环节的形成一样，都是基于逻辑精神的，这本身就是显而易见的。我也指望主要从这方面让本书得到理解和评价。因为本书所探究的是科学，而在科学中内容本质上是与形式结合起来的。①

黑格尔似乎认为把法哲学奠基于逻辑学之上，是一种自然而然、不必多加解释的事情，这里仅仅提醒一下他的听众就够了。逻辑学作为形式②，本质上要与作为内容的法哲学结合起来，否则拥有众多材料的法哲学只能是一盘人为拼凑、没有内在联系的散沙。之所以要以

---

① ［德］黑格尔：《法哲学原理》，邓安庆译，人民出版社2017年版，第2页。
② 在《逻辑学》中，黑格尔认为逻辑学就是内容与形式的统一，这里黑格尔所说的逻辑学作为形式，是与作为内容的法哲学相对而言的。

第三章 从概念到行动：法的规范性

逻辑学为基础，是因为逻辑学是依靠自我辩证发展的、具有客观性保障的科学。在黑格尔看来，如若没有逻辑学的基础，法哲学要么从国家或公众意见等外部权威那里找到自身的根据，要么从情感、欲望等内在权威处寻得基础。但后两者都是不可取的，前者可能通过独断或强权的方式让人们接受所谓的"真理"，后者无法从转瞬即逝的内心感觉找到客观普遍的原则，因而这两种做法无法使"自由的思想显然是得到了合法性辩护"[①]。这种强调法哲学和逻辑学之间关系的文本在序言中处处可见，依然有很多学者和哲学家忽视这种说法。其原因有二：第一，他们不认为在黑格尔哲学体系中可以看到逻辑学和法哲学之间的关系，逻辑学不过是黑格尔本人的主观虚构；第二，更多的人并不想探究黑格尔本人说了什么，而是想知道他们可以让黑格尔说什么，他们只是随意地剪取黑格尔哲学中的几个概念和范畴另作他用。在本书中，我们并不想如此大费周章地对这个问题进行"思维的探索"，而只是老老实实跟随着黑格尔自己指出的方向，对这个问题进行"直截了当"的说明。因为哪怕《法哲学原理》中可以存在大量的知识和推理错误，但作为全书指导性文本的序言总是值得信赖的。

社会范畴是平卡德等人对黑格尔法哲学解读时所提出的概念。在《黑格尔伦理学中的自由与社会范畴》中，平卡德认为黑格尔之所以区分道德和伦理，是因为他对康德道德哲学的不满。康德的道德哲学被指责为具有形式主义的缺陷，不能为实际的人生伦理提供有效的指导，但是康德论证的基础是正确的，那就是他将道德置于自由意志之上，因为只有人们的行动是自由的，他人才能对此进行规范性的道

---

① [德]黑格尔：《法哲学原理》，邓安庆译，人民出版社2017年版，第3页。

德评价。因此，一方面，黑格尔接纳了意志自由的道德前提；另一方面，为使意志能够提供意志对象，克服形式主义的缺陷，他将伦理与道德区分开来。所谓伦理，在平卡德看来就是"某一特殊的习俗、风气和规约性道德"①，个人的道德内容，归根到底受制于所属社会文化的习俗的影响，这也就意味着，平卡德将个人的道德归结为社会的产物，社会范畴是在伦理生活范围之内的。这一观点有一个很好的理论结果，那就是解决了康德道德理论的客观性问题。康德把自律视为道德规范的最终基础，良知是裁定自己是否道德以及法与不法的最终审判者。但是良知无疑可能具有任意的因素，黑格尔认为，只有超出个人主观的因素，转向公共生活，客观性原则才能得到保障。平卡德认为，黑格尔诉诸作为文化习俗和风气的公共生活的行为可以从两方面来解释，分别是道德性的构成要素和解释性的构成要素。道德性的构成要素基于道德共识，当个人的良知与其所属社会文化的道德原则发生冲突时，我们有义务将后者视为客观原则，社会原则审核自己的原则，并按照社会原则行动。而解释性的构成要素指的是，当与他人交往时，我们必须诉诸所属社会文化的习俗和制度，比如，"不诉诸所属文化的习俗，我就无法理解何谓适当地（即不卑不亢地）关心他人福祉。要知道我们应该做什么，我们就得弄清实际的做法"②。由此可以看出，这种社会范畴表达的就是人与人之间的社会关系，它具体表现为学校、政府、协会等的制度性机构。这些社会关系和制度性机构

---

① Terry Pinkard, "Freedom and Social Categories in Hegel's Ethics", *Philosophy and Phenomenological Research*, Vol. 47, No.2 (1986), pp. 209-232.

② Terry Pinkard, "Freedom and Social Categories in Hegel's Ethics", *Philosophy and Phenomenological Research*, Vol. 47, No.2 (1986), pp. 209-232.

的建立最终来源于人与人之间的相互承认，因而，社会范畴的目的在于说明，"人的自我规定是如何具体表现于各类社会联合体（即互惠承认）的"①。这种社会范畴也赋予意志以内容，它教会个人如何在不同的制度性机构中行动。

显然，平卡德是基于承认理论对黑格尔法哲学作出了去形而上学的解读，他关心的是人们如何能够在社会伦理生活中依据客观法则行动。社会范畴这个概念很好地说明了在社会生活中存在着某些客观性的、超出个人主观的制度性法则。本书旨在说明黑格尔逻辑学与法哲学之间的关系，因此我们尝试着对此概念进行内涵和范围上的修正。首先，社会范畴是逻辑学诸范畴在社会领域的应用。如同逻辑诸范畴的构成和发展，社会范畴也是依据辩证法的客观原则不断演进和发展的，原则上，我们可以期待的是逻辑学诸范畴与社会范畴是相互对应的关系。这样一来，由于辩证法是一种按照自身客观法则不断发展的逻辑，因此社会范畴也就是超出人的主观范围的社会法则。这一点与平卡德试图说明社会范畴的客观性目的是一致的，只不过其客观性和规范性的来源不同。其次，平卡德认为社会范畴仅限于伦理生活中，只有在伦理中才会产生制度性的机构。虽然社会范畴在伦理中表现得更为清晰和明显，但是在抽象法和道德中，也有社会范畴的存在，只不过是作为抽象的、未完全实现的社会范畴。因此，我们需要将社会范畴的范畴从伦理扩展到黑格尔实践哲学的所有领域。

---

① Terry Pinkard, "Freedom and Social Categories in Hegel's Ethics", *Philosophy and Phenomenological Research*, Vol. 47, No.2 (1986), pp. 209-232.

经过这种改造，我们可以总结出社会范畴所具有的含义和范围。在《哲学百科全书》中，我们可以明白地看出，第一部分的逻辑学无疑在黑格尔哲学体系中占据着中心的地位，自然哲学和精神哲学无非是逻辑学的应用。因而，逻辑学诸范畴必定可以应用到自然哲学和精神哲学中。社会范畴就是黑格尔实践哲学中的逻辑学应用，它适用于黑格尔整个实践哲学，否则的话，在缺少社会范畴的内容中，就会失去其自身存在的基础。

第二节　法的规范性

从文本来看，黑格尔哲学中的法不是我们通常所意识到的法律规范或法律制度，而是一种具有规范性维度的规范法。这种法奠基于自由之上。因此，对哲学的法的理解就需要正确把握黑格尔意义上的自由概念。在黑格尔看来，只有自由将自身视为目的并将其作为终极目的，自由才是自身的标准和行动的指南，自由也就具有了客观性的尺度。这种自由的客观性构成了具有普遍约束力的规范体系。

一、法的概念

我们注意到，《法哲学原理》中所谈论的"法"，不是我们通常意识到的法律规范或法律制度。它似乎无所不包，几乎涵盖了法律、契约、家庭、社会、政治等所有实践哲学的基本方面和结构。黑格尔为"法"下了一个简明的定义：

第三章 从概念到行动：法的规范性

> 哲学的法学以法的理念，即法的概念及其现实化为对象。①

黑格尔的法哲学以"法的理念"为研究对象，这里的"理念"包含两个方面：概念和现实化。而理念是以自由为基础的，因而"法"也就是探讨在实践中所有属于自由的领域，正如黑格尔所说：

> 法权体系是实现了的自由王国，是精神从它自身产生出来的、作为一种第二自然的那个精神世界。②

自由并非是存在于人们主观意识中的任意幻想，而是"包含一种客观化的、外在现实化的主要维度"③。如果缺少这种客观性的界限，自由就将成为人们的主观臆断，甚至有可能产生消灭他者的暴行。个人真正的自由意味着同时要意识到他人也是自由的，这个由自由主体构成的自由世界在逻辑上先于个人的自由，并构成了个人自由的界限，科维纲把这种自由世界称为"一种制度主义"④。人们在法的范围内承认各种制度的有效性，并能够在此制度中按其规范原则行动，那么这个人就是自由的。因此，法的范围就包含着所有自由存在的制度。如同康德对先天综合知识的演绎一样，黑格尔对法也采取的是一

---

① [德] 黑格尔：《法哲学原理》，邓安庆译，人民出版社2017年版，第18页。
② [德] 黑格尔：《法哲学原理》，邓安庆译，人民出版社2017年版，第34页。
③ [法] 让-弗朗索瓦·科维纲：《现实与理性：黑格尔与客观精神》，张大卫译，华夏出版社2018年版，第61页。
④ [法] 让-弗朗索瓦·科维纲：《现实与理性：黑格尔与客观精神》，张大卫译，华夏出版社2018年版，第62页。

种演绎（deduction），而非证明（proof）的方法。所谓证明的方法，就是通过形式逻辑的推理给出一个最终的定义。例如，在"人是理性的动物"这个定义中，我们虽然能够在脑海中对"理性"和"动物"有个模糊的印象，但是这个定义却并不能告诉我们人、理性和动物之间存在着什么必然联系，也就是说，我们无从得知这个定义是否必然是正确的，因此，这种方法所得到的定义是抽象的，它并不能让人们对这个事物有更多的了解，而"演绎"关涉的是事物的存在，它力求通过必然的逻辑关系探究事物的存在层次和与其他存在者的关系和区别，因而，只有通过演绎，才能展示事物的存在、本质、结构，等等。这也就明白了为什么黑格尔一定要说"法"的概念是先前概念演绎的结果。只有对现实、理性、意志等概念进行先行的探讨，才能对法的概念具有透彻的认识，因而"法的概念就其生成来说是属于法学范围之外的"[1]，这也是为何在正式讨论"法"之前，黑格尔需要在导论中大篇幅地讨论意志等问题。黑格尔在前面所给出的关于"法"的定义，只是试图在说出"法"的研究范围，还没有揭示出"法"的真正内涵和层次。

《法哲学原理》还有一个副标题，叫做"自然法与国家学纲要"。由此可见，黑格尔将他的"哲学的法学"视为某种类型的"自然法"，以此与当时流行的"实定法"相对立。黑格尔所说的"自然法"并不是如卢梭和霍布斯等人所认为的那样，是自然的产物，它在这里只能是精神的产物。我们可以说，黑格尔虽然接纳了"自然法"这个概念，但却对它的内涵进行了改造，使之更符合黑格尔哲学的内容。而"实

---

[1] ［德］黑格尔：《法哲学原理》，邓安庆译，人民出版社 2017 年版，第 19 页。

定法"属于一种实证科学,它的研究对象是由国家和社会实定的法律,这些法律通过民族性格和历史发展等在一个社会共同体内发挥着规范国家、社会和人民的效力,因而实定法也可以看做是一门历史学科。但"历史的说明和合法性辩护,也不得扩展为具有自在自为有效的那种合法辩护的意义"①,法的实定性并不能成为法正确与否的标准,法的基础和合理性只有在自然法中才能够找到,这是因为"一种法的规定从各种情况和现行法律制度看来,虽然能够显示出完全有根据和前后一致,但自在自为地看仍然可能是不法和不合理的。"②

在讨论司法的有关章节中,黑格尔提到了实定的法律,可以说,实定法只是法的逻辑演绎的一个环节,是自然法的不可缺少的组成部分。黑格尔在《法哲学原理》中讨论了胡果等人的"历史法学派",它在篇幅中所占的分量在整个文本中都是极为罕见的,由此可以想见"历史法学派"在黑格尔时代所占据的重要地位。"历史法学派"试图从历史变革和发展中确定现有法律的合法性,而黑格尔极力反对这种做法,认为习俗和历史并不能构成法的合法来源,实定法仅仅是哲学的法的外在形式。正如佩佩尔扎克所说,"将历史事实视为合法性的证明是对理性的背叛和对专制的诉求"③,法的本质要求其具备理性的特点,国家和社会应该依据理性本身来制定法律,这样一来,公民才能够感知到法律的理性,并在法律世界中自由地生活。

---

① [德] 黑格尔:《法哲学原理》,邓安庆译,人民出版社 2017 年版,第 24 页。
② [德] 黑格尔:《法哲学原理》,邓安庆译,人民出版社 2017 年版,第 24 页。
③ Adriaant T.Peperzak, *Modern Freedom: Hegel's Legal, Moral, and Political Philosophy*, New York: Springer, 2001, p.181.

据此而言，法无疑具备规范性，而此规范性只能来源于理性本身。但想要对黑格尔的法作出规范性的探究，我们必须掌握理性与现实、意志与自由之间的关系，只有这样，我们才能认识到法的规范性所包含的基本原则和内容。

二、理性与现实

在《法哲学原理》一书的序言中，有一句引用最多、但也误解最深的话：

> 凡是有理性的，都是现实的；凡是现实的，都是有理性的。(Was vernünftig ist, das ist wirklich; und was wirklich ist, das ist vernünftig.) ①

这句话可以看做是黑格尔哲学体系的缩影，不同立场的人对这句话有着不同甚至是截然相反的解读，我们也可以透过这句话观察到不同的人对黑格尔哲学的认识和态度。革命主义者认为这句话包含着摧毁腐朽制度的革命意识，而保守主义者认为黑格尔在为落后的现实状况辩护。在这里，我们并不关心这句话在实践意义上所带来的政治倾向，而是要探究它在理论上所体现的黑格尔哲学的规范性原则。

在黑格尔的文本中，似乎存在着关于哲学在现实中的作用的两种

---

① [德] 黑格尔：《法哲学原理》，邓安庆译，人民出版社 2017 年版，第 12 页。

相反的观点。在谈到哲学与现实的关系时,黑格尔说道:

> 哲学,因为它是为有理性的东西奠定基础,正因此它要把握的是当下的东西和现实的东西,而不是提供某种彼岸的东西。①

在通常的理解中,"彼岸"的东西自然属于"应当"的范畴,它是我们得以行动的原则和方向,而"现实的东西"似乎只是当下即存的事物。这句话似乎在暗示黑格尔反对一切形式的规范性。具体来说,就是在黑格尔哲学中,只有现实的东西才能存在,哲学没有权利去规定现实应当是如何的,而仅仅关注现实的东西。

黑格尔在这里提到了柏拉图的理想国,认为理想国就是这种外在形式的规范性哲学,一方面,理想国正确展示了希腊内在的伦理本性;另一方面,理想国还只是一种空洞的理想,柏拉图幻想通过这种外在的特殊形式对希腊式的生活进行指导,这种做法不仅不能有效地克服希腊伦理问题,还限制了自由主体的产生。类似的话也出现在黑格尔关于国家的看法中:

> 作为哲学著作,它必须绝对避免依照它应该如何存在来建构一个国家的做法。本书所能传授的,不可能达到教导国家它应该如何存在,相反而只旨在教导,国家,这个伦理世界,应该如何被认识。②

---

① [德] 黑格尔:《法哲学原理》,邓安庆译,人民出版社2017年版,第11页。
② [德] 黑格尔:《法哲学原理》,邓安庆译,人民出版社2017年版,第13页。

与所有当下的形式主义相反，黑格尔认为哲学不应当教导国家如何存在，以什么样的方式存在。最后，通过采用密涅瓦的猫头鹰的比喻，黑格尔表达了他对哲学作用和功能的一般性看法：

> 关于教导世界应该如何存在……在这方面，反正哲学总是来得太迟。哲学作为有关世界的思想，要等到现实结束其形成过程并完成其自身之后，才会出现……把灰色绘成灰色，不能使生活形态变得年轻，而只能使之获得认识。密涅瓦的猫头鹰要等到黄昏到来时，才会起飞。①

这句话似乎表达了一种悲观主义倾向的态度，当哲学不再能够指导实践，不能说明世界应当如何时，哲学还有什么价值呢？从这个角度来看，黑格尔似乎拒斥一切形式的规范主义，而只满足于对现实作出说明和描述。但是，对黑格尔哲学稍有了解的人，都会认识到黑格尔不仅对思维作出了各种规定，而且对现实社会状况的结构和关系作了不同程度的判断，并给出了如此判断的理由。这似乎构成了一个矛盾：在原则上反对规范主义，但却对思维和现实的社会文化作了种种规定。对这个问题的看法，只有通过理解黑格尔的"现实"概念才有可能解决。

作为集大成的哲学家，黑格尔哲学的很多概念都是通过对哲学史上曾出现的概念的内涵进行扬弃之后得到的，他赋予了很多概念以自己独特新颖的含义，"现实"这个概念就是一个很好的例子。黑格尔

---

① [德]黑格尔：《法哲学原理》，邓安庆译，人民出版社 2017 年版，第 14—15 页。

第三章　从概念到行动：法的规范性

在谈到"现实"时，首先想到了亚里士多德曾经为界定这个概念所做的努力：

> 现实无疑是亚里士多德哲学的基本原则，不过他所谓的现实不是通常所说的当前直接呈现的材料，而是以理念为现实……他所不同于柏拉图之处，即在于认为理念本质上是一种动力，换言之，是完全发扬于"外"的"内"，因而是内外的统一或现实。①

柏拉图哲学的错误之处就在于"内"与"外"的分离，即感性世界与理念世界的分离。亚里士多德为了沟通感性世界和理念世界，把理念看做现实，认为理念世界就存在于感性世界之中，这种内在的蕴涵使感性世界成为可理解的。在活生生的感性现实中就存在着可使人理解的因素。在黑格尔的笔下，这种可理解性就是思维的产物，亚里士多德的形式就是思维的形式，在《哲学史讲演录》中，他如此说道：

> 亚里士多德哲学中的主要环节，是思维与思维的对象的统一。②

黑格尔赞赏亚里士多德的"现实"概念对实在和思维之间关系的把握，他的哲学目标与亚里士多德一样，在于结束实在和思维的对

---

① ［德］黑格尔：《小逻辑》，贺麟译，商务印书馆2020年版，第298页。
② ［德］黑格尔：《哲学史讲演录》第二卷，贺麟、王太庆译，商务印书馆1960年版，第314页。

立，达到主体与客体的内在统一。"现实"这个概念让黑格尔看到了解决这一难题的思路。但是，黑格尔的"现实"并不完全与亚里士多德一致，接下来，黑格尔指出了亚里士多德哲学中的不足：

> 他没有说唯有思维才是真理，一切都是思想……我们还说，思想是一切的真理；亚里士多德并不这样说。同样，我们的看法是把感觉等等也和思维一样当作是实在的。①

在黑格尔看来，亚里士多德哲学还存有经验主义的影子，他接受实在世界中给定的对象，然后试图从中提取概念，而黑格尔把一切看做思维的对象，所有对象都是依靠思维自身的活动产生的，现实也就不再是具有本体论地位的实在世界，而是思维中自身反思的产物。因而，现实不再是实在世界先天给予的，而是由思维自身决定的，可感知的实在世界本身就是思维。黑格尔之所以会有如此的想法，乃是因为他是受到康德哲学洗礼的思想家。康德的先验哲学表明了"我思"不再客观地描述实在世界，而是依靠主体的活动建构而产生的。就此而言，"亚里士多德确信的理智与感觉的统一会让位于另一种统一——一种以消解和彻底消融感觉对象为代价出现的统一。"②从此以后，哲学认识的目标就转换为在感觉对象中寻求理性的因素。

现在，我们可以知道，现实无非就是思维的现实，其内在必然隐

---

① [德]黑格尔：《哲学史讲演录》第二卷，贺麟、王太庆译，商务印书馆1960年版，第316页。
② Béatrice Longuenesse, *Hegel's Critique of Metaphysics*, tran. Nicole J. Simek, Cambridge: Cambridge University Press, 2007, p.113.

第三章　从概念到行动：法的规范性

含着理性的因素。但是，黑格尔并不满足于揭示这一点，他将可能性、必然性等模态范畴加入了讨论的内容中，从而揭示了"现实"概念的多个层次。

在黑格尔的论说中，现实开始于一种所谓的"形式的现实"：

> 现实作为最初的现实，只是直接的，不反思的现实，从而只在这种形式规定之中，但不是作为形式的总体，在这种情况下，现实是形式的。这样，它不过是一个有或一个一般的存在。①

形式的现实还未反思到自己是现实，它还只是作为直接的有或存在展现出来，只能够拥有某种"形式规定"，因此形式的现实仅仅遵循无矛盾的同一律就可以了，也就是说，当我们说一个事物是形式的现实，我们就认为它是可能性的存在。这是因为，形式的现实仅仅关心它的直接存在，当它不违背同一律时，它的存在就被设想为是可能的。

可能性作为形式的现实的可能性，自身包含着无穷无尽的可能性：

> 可能性是无对比的、不规定的、总包一切的贮藏者……可能性的王国因此是无边无际、花样繁多的。②

只要它符合同一律，它就是有可能存在的。但是，也正是因为它

---

① 黑格尔：《逻辑学》下卷，杨一之译，商务印书馆1976年版，第194页。
② 黑格尔：《逻辑学》下卷，杨一之译，商务印书馆1976年版，第195页。

还没有自身的规定，因此它也是空洞的、没有任何规定的。当我们说事物 A 是可能的，我们只是在说 A 是 A，因此，从这句话我们只能得到 A 是与自身同一的，我们对于它的规定性以及是否真的存在是漠不关心的。同样，可能的东西也包含着否定自身的因素，所有可能的东西因其只是可能的，也可能是不可能的东西，即可能的东西可以转换为不可能的东西。

然而，可能性也表达了比同一律更多的东西。虽然可能性只是说出事物与自身的同一关系，但它也把事物置于一种不确定的关系之中，从而让事物意识到自身是不完整的，只是总体的一个环节。它也因此不是真正的现实，只是对现实的形式反映。可能性只是"应当存在"的"应当"，它只有和作为有或存在的现实统一起来，才能克服自己的形式特征，这种可能与现实的统一就是偶然。我们知道，此处所论及的现实无非是思维的活动，一方面，偶然的东西就是不能或还未能凭借理性必然得出的东西，因此作为偶然的东西，它的存在是没有根据的；另一方面，偶然的东西作为现实的一个环节，必定有某种东西作为此物是偶然的东西的根据，因此它又是有根据的。用黑格尔思辨性的话语来说就是：

> 偶然的东西，因为它是偶然的，所以没有根据；同样也因为它是偶然的，所以有一个根据。①

现实反映在可能性之中，可能性只有通过现实才能被确认为是可

---

① 黑格尔：《逻辑学》下卷，杨一之译，商务印书馆 1976 年版，第 197 页。

能的，因此，现实和可能性只有在对方那里才能找到意义。两者的同一就是必然。这也就说明，现实必然要实现出来，并且包含着理性因素。众所周知，在日常生活中我们一般用"现存"这个概念来指称现实生活中存在的物，以往的研究者往往混淆了黑格尔对"现存"和"现实"的使用，因而在黑格尔法哲学那里得出了保守主义的结论，并把他视为维护普鲁士专制制度的"卫道士"。如今，学者们通过澄清两个概念的区别，不再简单地将黑格尔看作一个保守主义者。

现实被规定为现存和本质的统一体。这也就意味着，现实不仅包含理性的因素，还必须得到外在的实现，它必须以表象的形式表现自身。只有物实现了它的本质，或者与其本质相一致之时，物才是现实的。这种包含深层次的理性结构的做法就包含规范性的因素，亦即可以对现存之物作出规范性的评价。例如，当领导人能够为大众谋福利，并能维护国家利益时，我们就说他是一个政治家，而当他仅为自己牟私利，不能维护公众利益时，他就是一个掮客，因此，对于同样掌握公共权力之人，我们可以作出不同的规范性评价，政治家就是实现了自己本质的现实存在者，而掮客由于不包含理性的要素只能是一个现存之物。同样的，如果现实之物只存在于彼岸世界，不能以表象世界表现自身，我们甚至就无法对社会进行分析。这是因为社会是通过社会制度表现自身的，对社会的分析就等同于对社会制度的分析。当社会无法以社会制度的形式表现自身时，我们也就无法认识社会了。在这里，我们就可以看出黑格尔不满于柏拉图理想国的地方在于，理想国因其远离现实生活而只能处于彼岸世界中，黑格尔认为这只能是远离现实的虚幻之物，因而只能是人们头脑中的幻想，它不足以用来指导现实生活。我们可以看出，黑格尔试图利用"现实"这个概念弥合理念世界与现存世界的鸿沟：理念世界只能存在于现存世界中，而当现存世界能够表现理念世界时，它就是现实的。

现实之物具有理性因素的理论结果就是人类可以认识现实世界。现存世界包含很多不现实的东西。这些东西因其具有偶然性或虚假性而不能为人所完全认识。我们可以说，"现实"这个概念同时具有本体论和认识论的地位。当我们说一个现存之物是有缺陷的，这就意味着它还不能完全实现它的本质。一方面，我们能够认识非缺陷部分，而对于缺陷部分我们不能对此拥有理性的认识；另一方面，我们之所以能够确定某一部分是有缺陷的，恰恰是因为我们掌握了评价现存之物的规则，也就是我们认识到了现实之物内部的理性原则。

现实之物内在具有规范性的维度，这种规范性的维度也就是目的性的维度，这恰恰符合黑格尔关于理念论的总体认识。理念自身包含着规范性和目的论的因素。当我们对某个现存之物进行评价时，我们不能以内心的情感好恶或与现实割裂的彼岸世界的某个概念作为评价的准则，客观的评价标准只能来自现实之物的理性结构之中，因此，"当且仅当它们根植于他们所适用的事物的本质之中，规则（'应当'、理念、原则）才是有效的。"[①]这样一来，现实性提供了评价现存之物的准则，现存之物趋向于现实之物也就符合理性的规则。

现实性并不存在于彼岸世界，而是内在于社会之中，并通过现存的社会制度表现出来。社会制度处于不断发展中，这也就意味着现实性或理性本质上包含社会历史因素。对社会制度的理性认识内在包含

---

① [美]米歇尔·哈德蒙：《黑格尔的社会哲学：和解方案》，陈江进译，北京师范大学出版社 2020 年版，第 63 页。

着对它的社会历史条件的认识。这就是说，当我们评价某个社会制度时，不能脱离它所处的具体社会历史条件，这也是黑格尔说的"哲学不能脱离它的时代"的原因。黑格尔的这句话并不是说哲学不能认识社会的理性发展逻辑，而是说在对现实之物进行认识时不能脱离它具体产生的社会历史条件。社会制度的"应当所是"根植于它在世界历史中的阶段。与此同时，我们不应该把黑格尔视为相对历史主义者，即对任何社会制度的评价都应还原到当时的社会状况中去，相对主义不承认存在永恒正确的真理，任何真理都是相对的。但是，我们知道，黑格尔是坚决主张绝对存在的哲学家，如何理解黑格尔所说的既要通过具体的社会状况评价社会制度，又认为社会制度存在终极评价标准的观点呢？一方面，黑格尔认为，世界是精神的，任何社会制度都是精神的自我认识，无论社会制度处于什么阶段，都是精神在某一阶段的自我认识，就此而言，我们可以根据精神的逻辑发展认识到事物发展的趋势，精神具有终极评价的资格，这就为以后来的社会制度评价先前的社会制度提供了依据；另一方面，如果没有绝对，如何立足于当时的社会制度进行评价也就成为了问题，评价的标准也就无法得到统一。对社会制度的评价准则必须立足于理性结构之中。黑格尔对柏拉图理想国的评价就完全体现了这种看法。理想国在当时的历史文化条件下可被视为对希腊伦理的最高努力，但从后世自由的逻辑发展来看，理想国缺乏主体性，因而是有缺陷的，不能满足后世人们的要求。

此外，还需注意的是，黑格尔并不认为存在哪种社会制度能够完美实现它的本质，一个现存的社会制度在某方面总是有缺陷的。但只要这种社会制度还朝着实现其本质的目标前进，黑格尔就认为它是值得赞赏的。因为社会发展中总会存在偶然性，黑格尔在谈到国家时说："国家不是艺术品；它立在世上，从而立足在任性、偶然和错误的领域中，恶劣的行径可以在很多方面破损国家的形象。"① 从这里也可以看出，黑格尔的"现实性"就是一种规范性，它为我们评价现存社会制度提供了标准。

三、意志和自由

对意志和自由关系的分析贯穿了《法哲学原理》导论的大部分内容，这是黑格尔试图阐释他的法哲学所做的重要的引导性工作。"意志是自由的"② 是黑格尔对自由和意志的关系的简明说法。黑格尔把法视为精神的领域，对法的概念的说明以及法的演绎的基础和出发点就是意志，意志由此就是法之形成的根据。

为了阐明意志的内涵，黑格尔将思维和意志区别开来。他认为，思维和意志之间的差异可以被理解为理论态度和实践态度之间的差异。思维和意志并非拥有不同的来源，而是同一个来源的不同表现形式。所谓思维，也就是理论态度，指的是将外在于自我的他者纳入自我之中，他者在思维中不再是与自我对立的东西，在本质上他者就是自我之内的东西。因此，当我说出自我的时候，我就把自我所面对的一切他者都普遍化为思维的内容。而实践态度是自我在行动时规定自我本身，这种规定也就在自我之间造成一种差别，自我就把这些规定

---

① ［德］黑格尔:《法哲学原理》，邓安庆译，人民出版社 2017 年版，第 388 页。
② ［德］黑格尔:《法哲学原理》，邓安庆译，人民出版社 2017 年版，第 34 页。

第三章　从概念到行动：法的规范性

或差别设定在外在世界之中，并在外在世界中实现自我，在这一过程中，差别或规定都是自我的差别或规定，因此，对外在世界的改造就带有自我的痕迹，这就是意志，它要求自我在外在世界的实现。就此而言，意志开始于思维，因而理论态度本质上包含于实践态度之中。与此同时，自我的规定或差异当然也是自由的。这一点将人与动物区别开来。动物虽然能够在一定程度上"改造"外在世界，但这是出于本能的行动，而人将意欲之物表现出来是受到内在自由的驱动。因此，对于人来说，意志是自由的，而"作为意志主体，它努力克服抽象的内向性，使其自由客观化"①。

为了说明意志，哲学家从各个角度对此进行了证明，他们大多从感觉经验入手，来证明良知、行动等无不出自于自由。但在黑格尔看来，"意志是自由的"并不是一个需要演绎或证明的命题，而毋宁可以看做是一个直截了当的真理。这是因为当我们谈到意志时，自由也就必然地一起想到，因而，意志和自由并不是两个可以分离、并可单独作出说明的概念。黑格尔用物体和重力的关系来比附意志和自由的关系。重力是物体的根本规定，当我们说"物体是有重力的"，并不是在说出一个偶然的判断，似乎重力是经过后天经验的发现才归之于物体，恰恰相反，物体可以被认为就是重力本身。与之相似，意志也就是自由本身，这就意味着"自由就构成法的实体和规定性"②。一方面，实体意指某一事物的核心特征，作为自由的核心的意志，就是自由的最根本的特征；另一方面，所谓规定性就是某一事物的定义，作

---

① Damion Buterin, "Knowledge, Freedom and Willing: Hegel on Subjective Spirit", *Inquiry*, Vol.52, No.1（2009）, pp. 26-52.
② ［德］黑格尔：《法哲学原理》，邓安庆译，人民出版社2017年版，第34页。

135

为自由的规定性的意志，也被自由所决定。此外，由于自由是一个不断被实现的过程，法的逻辑发展也就成为了在自由的引导下不断实现自身的过程。

在黑格尔的这些体系中，没有任何一个概念是单一的或静止的，也就是说，概念内部必然包含着众多环节，意志也不例外。按照黑格尔关于普遍性、特殊性和个别的分析，意志包含以下三个环节：

首先是纯粹的、无规定的反思。在这种反思中，自我抽象出一切因本能、欲望等给予的内容，由此达到一种没有任何规定性、没有任何内容的普遍性。无论何种对象出现在自我的思维之中，自我都对此予以否定，以便保持一种"纯粹的宁静"，这就是否定的自由，它为了否定而否定，不信任任何对象所带来的改变，只愿保持一种没有任何对象能够限制的原初状态。黑格尔以法国大革命和印度婆罗门理论为例，从实践和理论两个方面说明了这种空虚的自由。在法国大革命期间，一切差异、一切要求变动的声音都被认为是对革命的玷污，因而都被废除或否定，这样带来的后果就是在革命期间建立的一切制度都被摧毁，人民只把抽象的平等视为最高的真理，黑格尔总结道，意志就"变成破坏一切现存的社会秩序的狂热，变成对某种秩序有嫌疑的个人的铲除，乃至对任何企图重整旗鼓的组织的消灭。这种否定的意志只有在破坏某种东西的时候，才感觉到它自己的定在"①。与此同时，婆罗门哲学旨在坚持自己单纯的同一性，摒弃任何动摇自我内心的情感和欲望等，如此追求的普遍性只是一种空虚。

其次，自我将规定性赋予自身，从而将自身设定为规定性，这就

---

① [德]黑格尔：《法哲学原理》，邓安庆译，人民出版社2017年版，第38页。

是自我的特殊化环节。这种设定规定性的行为是通过否定普遍性得到的，自我不但单纯意欲着意欲本身，而是意欲某个具体的对象，这个对象对自我来说是一种限制，是一种否定。之所以要有规定性，乃是因为意志如果现实地实现出来，不能仅仅停留在普遍性之内，而必须为自身设定一个有待实现的目标。并且，这种规定性是自我设定的，因此也必然属于自我，意志由此过渡到最后一个环节。

最后的环节便是普遍化与特殊化的统一，这就是个别或单一性。意志之所以能够回到自身，因为规定性是自我设立的，它最终实现出来时还要消融于自我之中，自我在单一性中知道规定性是自我设定的。当自我设定规定性时，还仅仅停留在观念上的可能性，它可以自由地设定目标，从而使自我不断地丰富起来。

需要澄清的是，自由地设定目标并不意味着任意地设定目标，后者意味着自我设定的目标是依据自我的自然冲动、欲望和爱好等自然或感性的形式直接给予的，黑格尔把这种意志称为自然的意志。在黑格尔哲学中，直接的或者自然的意味着抽象的、孤立的，乃至没有中介的，因此，直接的意志就是没有中介的意志，里面缺乏否定的形式，这样的意志形式仅仅是一个抽象的环节，不能作为独立的实体存在，也就是说，自然的意志之存在必须依赖于真实的意志。将欲望、爱好等形式作为意志出发点的错误之处就在于将直接意志作为一个独立的实体来看待，其原因就是直接的意志不能表明它的合理性，而只有理性才能为意志奠定行动的基础。但自然的意志并不是完全没有价值的，它为意志的实现给出了决定。缺乏这样的决定，真实的意志就无法进入开始实现的进程中。因此，用黑格尔的话来说，明自然的意志的特征就是"属于这种意志的，只是抽象的决定本身，而它的内容，还不是它的自由的内容和作品"①。这就表明,自然的意志的决定只是纯粹形式的,它的内容不是由理性证明的,而仅仅是依据非中介的自然冲动或欲望,因此它最终并不能实现人的自由。

另一个引起中外哲学家探讨的问题是人性本善还是人性本恶,这个问题就是在探讨意志是善还是恶。它不仅在西方神学背景下反复被提及,在中国春秋战国的诸子百家中也是被持续争论的问题。黑格尔并没有简单地认可基督教的人性本恶或康德的善良意志的学说,而是似乎回到了功利主义的论证模式。功利主义或幸福主义的教义认为,当某个行为能够为人们带来幸福时,它就是善的,反之则是恶的。黑格尔似乎接受了这样的论证模式,认为不能简单地断定人性本善或人性本恶,而是要看其价值取决于精神的方式。但黑格尔不同意功利主义的是,不能以自然欲望或爱好来作为评判价值的尺度,而同意康德的说法,即欲望或爱好服从于理性法则。

黑格尔反对近代以来理性主义和经验主义为"法"的规范性奠基的方式,并斥之为一种"表象主义"。黑格尔认为,对哲学的研究不能预先假定自己的立场,而应该忠实观察事物自身的发展,由此,黑格尔的哲学是一种整体论的哲学,这种整体论的哲学基于一种无预设的立场。黑格尔哲学力图探究事物存在的依据,寻找隐藏在事物表象背后的逻辑范畴,逻辑学就成了其哲学的核心。黑格尔的法哲学作为一门部门学科,自然要以逻辑学为基础。具体而言,法哲学中的社会范畴无非是逻辑学中理论范畴的应用而已。

黑格尔哲学中的"法"并非我们通常谈论的法律制度或法律规范,

---

① [德]黑格尔:《法哲学原理》,邓安庆译,人民出版社 2017 年版,第 54 页。

而是包含所有实践哲学的社会制度，因而对我们的生活起着规范和指导的作用。黑格尔对"法"规范性的论证是通过理性与现实这对概念来说明的。通过把现实规定为现存与本质的统一体，现实就不仅具有了理性的因素，还存在一种现实化自身的必然性，这种理性因素内含着对现存之物的规范性评价。现实之物并不存在于彼岸世界，而是内在于现实世界。当我们对某个现存之物进行评价时，我们不能以内心的情感好恶或与现实割裂的彼岸世界的某个概念作为评价的准则，客观的评价标准只能来自现实之物的理性结构之中。黑格尔论述的另一对主要概念就是意志和自由。意志是法哲学不断演绎的基础和出发点，而意志的本性是自由的，这就为说明人的自由和在"法"中实现自身奠定了基础。

第 四 章
占有、契约和惩罚

抽象法、道德和伦理作为自由意识实现自身的三个环节，可被视为自由或多或少得以充分实现的具体制度。其中，抽象法是自由意志客观化的首要和基础的环节，也是实现其社会政治制度的最直接的形式。虽然我们在抽象法中已经开始谈论契约和法律等具体的社会现象和制度，但是它仍处于抽象的形式之中，它必须在伦理中才能完全实现自身，也就是说，抽象法虽然事实上是伦理生活的具体组成部分，但占有和契约等在此阶段还都是个人权利的抽象形式和表达，它们还必须在伦理生活中考察其如何运作，并与其他社会制度协调起来。这里给我们的警告是，不要把抽象法，甚至道德的内容当做孤立的现实，这里只能体现抽象法和道德的抽象原则，它们的含义必须经过伦理生活才能得到完全的实现，虽如此，抽象法和道德也不能因为还不是最高的原则而被废除，它们的原则和真理只不过从属于伦理生活而已。

依照常识，一个完整的人不仅具有身高、体重、四肢等"外在实在"，还有意志、思想等内在思维。自由意志作为直接的规定性，能够排除其全部的外在实在性，将自我完全抽象出来，这种完全抽象出来的自我只知晓自己的自由，只与自我本身打交道，这种形式所体现出的普遍性就是"人格"。人格必须是个人的，是"主体在自身

第四章　占有、契约和惩罚

中所具有的单个意志"①，但它通过抽象所得到的自我却是无限和普遍的，也就是说，有限的自我能够意识到自己是一个完全抽象、普遍的自我，所以"在有限性中我知道我是无限、普遍和自由的"②。这种无限和普遍的自我脱离了欲望、冲动和情感的限制，它在内容上是空洞的，只具有形式上的特征。

这种形式上的特征揭示出了原子论个人的起源。虽然个人也受到身体、自然、社会文化等外在实在的限制，但这并不能构成个人的人格。任何个体凭借自由意志都是独立的，人格的概念是从人与人之间的所有具体和个体的属性和差异中抽象出来的，个人通过"抽象"而具有人格，从而使自己独立于外在的实在。这种独立的个体同样具有排他性，因为世界上普遍存在着这种人格，这样一来，原子式的个人就形成了。这种原子式个人所带来的人格"一般包含着法权能力"③，是个人要求和实现自身权利的基础。一方面，只有自由才是个人完善的标志，个人具有自由意志，他就必须在所有的时刻和阶段确认自己的自由；另一方面，个人也必须意识到他人也是自由的，他人的行动也应该依照他人的自由行动。因此，抽象法出现了某种规范性的要求，这种积极的规范性命令就同时包含两方面：要求个人"成为一个人，并尊敬他人为人"④，它的消极的规范性命令就是"不得伤害他人或从人格中所产生的东西"⑤。我们在抽象法中的正确行为就是"避免

---

① ［德］黑格尔：《法哲学原理》，邓安庆译，人民出版社 2017 年版，第 81 页。
② ［德］黑格尔：《法哲学原理》，邓安庆译，人民出版社 2017 年版，第 83 页。
③ ［德］黑格尔：《法哲学原理》，邓安庆译，人民出版社 2017 年版，第 39 页。
④ ［德］黑格尔：《法哲学原理》，邓安庆译，人民出版社 2017 年版，第 85 页。
⑤ ［德］黑格尔：《法哲学原理》，邓安庆译，人民出版社 2017 年版，第 85 页。

干涉他人作出这种任意选择或执行他们所作选择的自由"①。事实上，抽象法的积极的规范性还只是具有形式主义的特征，它的实现必须依靠以禁令的形式表达的消极的规范性命令。

抽象法必须通过实现自身才能发展，这种实现过程包括三个环节：财产、契约和犯罪。这三个环节分别展示了抽象法在个人自由意志中的实现、原子式个人的交往原则以及所有者之间的冲突和解决。

第一节 财产问题和承认

黑格尔在《法哲学原理》中的"抽象法"这一标题下讨论了所有权、契约和不法三个不同的环节。他认为，人们为取得对物的占有，不仅需要占有此物的意愿，还要使占有的具体形式显示出来。这种人与物之间的关系本质上暗含着一条人与人之间关系的基本原则，那就是对物的占有包含着他人的承认，理性主体彼此承认对方是自由的，并拥有占有物的权利。通过这种承认，双方彼此建立了某种"身份"，使得整个共同体处于一个安全和有序的环境中。

一、私有财产的产生

任何一个作为整体的事物都由该物的概念及其定在构成，也就是

---

① Samuel Duncan, "Hegel on Private Property: A Contextual Reading", *The Southern Journal of Philosophy*, Vol.55, No.3（2017）.

说，物如若想作为一个理念而存在，除了拥有该物的概念之外，还需要将此概念实现于具体生活中。人格也不例外，它不能只存在于无限意志之中，还必须具象化自身并在外部世界中有所体现，这就体现为个人对外部事物的所有权。在人格中，人们还处于一种面对外在事物的抽象的可能性之中，由于这种所有权的出现，个人不再只是作为抽象的人格出现，而是出现了个人运用理性改造外部事物的情况，因此黑格尔把所有权视为人类作为完整理性存在者的标志，"人唯有在所有权中才是作为理性而存在。"① 只有在能够决定他物时，个人才能自由决定自己，这就意味着人只能通过决定他物才能获得自己的自由，而人们也只有在所有权中才能首次体会到自己的自由和人格。

在所有权的结构中，一方是作为无限意志、具有主体性的人，另一方是没有人格、没有自由的物，物在形成所有关系之前对于人来说是完全外在的东西，两者是对立的关系。② 由于意志是无限的东西和绝对的东西，它试图将自己贯彻到一切相对的东西中，因此作为外在东西的物不得不吸收个人赋予它的精神因素，而这种赋予行为是个人性的，物所接受的精神因素也是个人性的，这个物从而也就成了该个人的财产。通过这种所有关系，物以财产的形式与个人形成一个整体。通过这种个人的占有行为，私有财产也就诞生了。这种占有也就是对象化自己自由的过程，在抽象法中，"它只能通过以某种方式在自身之外的客观事物中体现这种自由来实践。"③ 黑格尔

---

① [德]黑格尔：《法哲学原理》，邓安庆译，人民出版社 2017 年版，第 85 页。
② 黑格尔在第 43 节区分了两种形式的"物"。
③ Andrew Chitty, "Recognition and Property in Hegel and the Early Marx", *Ethical Theory and Moral Practice*, Vol.16, No.4 (2013), pp.685–697.

把这种通过精神占有他物，进而形成财产的过程视为理念论的核心学说。这样一来，自然的东西通过变成人的财产从而成为精神的表现形式。

占有所形成的所有关系一方面改造了物，赋予这种无人格的物以个人的精神要素，另一方面激活了人的自由，使精神和人格外化为财产，并为个人所拥有。虽然人的精神本性是试图占有更多的物，使更多的物成为自己的财产，但财产的获得与使用必须遵循一定的规则。

第一，这里的物不能是具有自由意志的他人。这一点直接排除了将他人视为自己财产和奴隶的看法。被占有的物由于缺乏自由意志，也就无法要求获得权利，因此人不能充当被占有之物。作为同样具有自由意志的他人，也就具有了要求占有物的权利，人应当尊重他人的基本人格以及占有物的基本权利。

第二，黑格尔区分了作为自然的占有和作为需求的占有。所谓自然的占有就是出于自由意志的合法占有，他人应当对这种自然的占有予以承认并尊重，而作为需求的占有则是出于冲动的任意选择，它仅仅把占有当做手段，其目的在于满足占有者的需求。黑格尔认为，自由意志并非赋予我们一种任意选择的权利，而是为我们在选择之前所拥有的自主选择权利提供一种保障，因此它不能成为滥用选择权利的借口。

第三，存在一些不能被占有之物。黑格尔把这些不能被占有之物称为"基本对象"，这些"基本对象"意指空气、土地、阳光等作为人类基本生存需要的天然之物，它们不能为私人所有，而仅仅属于所谓的"共有权利"。这里存在较大争议的是对土地占有的处理。一方面，黑格尔支持拥有私有土地的做法，因为财产作为人格的现实化，与人格一样是"单一性"的，而人格作为意志把自身规定为单一性，而且作为人格他同时是直接的单一性，这种"单一性"就规定了自己的财产不受其他人格的侵扰。他讨论到柏拉图在《理想国》中的土地共有的做法，认为柏拉图的共产观念是由于个人"没有能力取得私有财产作为普遍原则"①，从而抑制了人格的发展，侵犯了个人的权利。随后黑格尔也否认在朋友或亲属之间通过契约或结义的方式共同持有财产的做法，他援引了伊壁鸠鲁对此的批评，认为这种做法表达了对朋友或亲属的不信任，而这种不信任是与共同持有财产的做法相矛盾的。另一方面，黑格尔又明确地说明私有财产必须从属于国家财产。共有财产之所以可能，是由于多个意志可以融合为一个更高的意志。因此，私有财产可以从属于更高的层次，这就是家庭和国家。这种"共有权利"只有赋予国家，对此似乎应该由国家来整合私有权利，如此一来，人们的基本需求就能够在国家的保障下得到满足。但是需要值得注意的是，在我们目前进行财产的分析时，还仅仅停留在抽象法阶段，它所从属于的更高层次的国家等阶段还未出现。

第四，个人与财产之间的关系也暗含了一条人与人之间的基本原则，那就是对财产的占有包含着他人的承认。理性主体承认彼此是自由的，并具有占有财产的权利，通过这种承认，双方彼此建立了某种"身份"。在当代社会环境下，以承认为核心进行社会建构的理论不断出现，因而黑格尔此处对承认的讨论就显得极为复杂和重要，我们将在下一节中重点讨论这个问题。

---

① ［德］黑格尔:《法哲学原理》，邓安庆译，人民出版社2017年版，第98页。

二、承认作为黑格尔法权体系的规范性基础

在西普和霍耐特的影响下，大多数当代英美学者在对黑格尔规范性理论的解读中，都把"承认"作为其规范性理论的基础。[①]他们聚焦于《精神现象学》第四章中关于主奴关系的讨论，在那里，主人和奴隶的生存建立在相互承认之上。延伸到黑格尔的法权体系，个人的权利之所以具有正当性也是建基于相互承认的基础上的。从这里可以看出，这些英美学者试图在复杂的黑格尔哲学体系中寻找其哲学基础，当他们秉持对黑格尔哲学进行去形而上学的解读时，自然而然地将目光投向了具有极强现实目的的"承认"理论。他们似乎在黑格尔那里找到了构建当代"承认"理论的理论资源。接着，在寻找黑格尔"承认"理论的来源时，他们找到了费希特。因此，在德国古典哲学内部，他们利用具有主体间性的"承认"理论梳理出一个不断演进和更正的线索，那就是在康德那里还未出现主体间性的完整阐释，费希特则从绝对自我出发建立了一个基于主体间性之上的"承认"理论，而黑格尔则被视为费希特"承认"学说的完成者：承认并非自我意识之所以可能的先验条件，而是一个过程，它开始于主奴关系中的殊死斗争。

伍德在《黑格尔的伦理思想》（*Hegel's Ethical Thought*）一书中详细阐发了如何以"承认"构建黑格尔法权体系的规范性基础。在这部重要的解读《法哲学原理》的著作中，伍德赋予"承认"以极高的地

[①] 对此问题的探讨，较有影响力的学者有 Allen W. Wood（伍德）、Robert Brandom（布兰顿）、Paul Redding（雷丁）等。

位，这体现在伍德对抽象法权的解读时专辟一章用来讨论承认，并详细说明了承认作为抽象法权的基础的缘由、过程及意义。伍德认为，为了论证个人是否可以拥有合法的财产，黑格尔必须证明"形式上自由的行动者为何应确保彼此拥有一个能任意活动的排他性领域"①，这就意味着人类如若想要合法拥有财产，必须具有一个不受他人侵扰的空间。随后，伍德明确指出，黑格尔对这个问题的论证是建立在"承认"概念或交互意识之上的，"只有当我被他人承认时，我才能对自身有充分的意识，并且唯有当承认在完全相互的情况下，承认才是充分的"②，伍德由此把相互承认视为解决这一难题的逻辑基础。与此同时，伍德将承认学说的来源追溯到费希特。

　　费希特的承认理论是以他的知识学为基础的。知识学的目的在于从绝对自我的先验演绎中推导出全部哲学。在演绎的过程中，其中最为关键的概念自然就是绝对自我。绝对自我与经验自我和先验自我区别开来，它是所有自我意识中的先验要素，是一切经验实在性的逻辑基础。绝对自我作为一种本源活动，要求一种以自身为根据并返还自身的行动，并由此超出了经验世界的一切规定性和偶然性。与此同时，绝对自我必须具象化地显现自身，这种显现自身的方式必然是无穷的，自我限制的视角也就必然是有限的。在显现自身的过程中，绝对自我必然面对作为客体的外部感性世界，这就意味着，绝对自我的行动要受到非我的限制，"世界—直观活动本身就是处于被束缚状态

---

① Allen W.Wood, *Hegel's Ethical Thought*, Cambridge: Cambridge University Press, 1990, p.77.
② Allen W.Wood, *Hegel's Ethical Thought*, Cambridge: Cambridge University Press, 1990, p.78.

的自由活动"①。然而，每一次的改造行动都会受到前一阶段感性世界的限制，这就会陷入一种无穷后退的困境中。为了避免陷入这类困境中，客体就不能是感性世界，而只能是另一个自我意识，它需要同样具有自由的能动性去行动。这是因为当绝对自我去行动时，必然要通过理解客体的要求才能决定采取下一步行动，因此客体不能是无情感、无思想的感性世界，而必须是同样具有理性的另一个主体，因此，"理性的存在者必须设定一个自身之外的理性存在者作为其召唤的原因"②。这样一来，主体和客体同时作为能动者在自由层面上不断行动和作出回应，由此就证成了具有交互作用的主体间性的存在，双方的承认也就不言而喻了。一旦证明了绝对自我蕴含着交互主体性，伍德就对费希特关于人类本质的说法作出了如下描述：

> 人类的自我意识只有在人类多元性这一假设基础之上才是可能的。人性的概念不是单一个体的概念，而是物种或类的概念。人与人之间最基本关系是承认，是对他人提出要求和理解他人对自己提出的要求。在这个意义上，承认对成为一个人来说是不可或缺的。③

当实现主体间的交互关系之后，对于个人合法占有财产也就有了

---

① Fichte, *Foundations of Natural Right*, trans. Michael Baur, Cambridge: Cambridge University Press, 2000, p.20.

② Fichte, *Foundations of Natural Right*, trans. Michael Baur, Cambridge: Cambridge University Press, 2000, p.37.

③ Allen W.Wood, *Hegel's Ethical Thought*, Cambridge: Cambridge University Press, 1990, p.77.

解释。费希特认为，当理性存在者承认另一个理性存在者的存在时，就需要将具有同样特性的能动者区分开来，这只能通过为每一个理性存在者"划归"一个外部范围而实现。按照这种观点，自我希望对方能够尊重自我的外部范围，这必须以自我尊重他人的外部范围为代价。这个外部范围由此就不仅成了单一的理性主体自由活动的范围，也是这个理性主体能够证明自身是自由的标志。由此，理性主体双方就进入一种法权关系之中，关于承认的理论自然地引出一条基本的规范性要求：遵守法权关系中的规则。①

然而，费希特以承认作为法权关系的规范性基础存在着无法解决的理论难题。费希特从绝对自我演绎出理性主体互相承认彼此应当拥有一个自由的外部范围，双方承认并尊重对方在这个外部范围内拥有自由行动的权利，与此同时，理性主体处于法权关系之中是其拥有自我意识的逻辑前提，这种自我意识从一开始就渗透着承认他人权利的意识。然而，这仅仅是可能存在的一种理想模型，并不能构成自我尊重他人权利的理由。理性主体亦有可能认为对方想要夺取自己的外部范围，并利用诡计或强力实现这一目标，费希特的承认理论并没有阻止这种可能性的产生。因此，从拥有一个外部范围无法推导出应当尊重他人拥有外部范围的权利。为了确保任何一个理性主体能够尊重他人的权利，费希特又引入国家或社会共同体通过某种程度的强制来加以保障。这样一来，基于平等精神的承认与国家或社会共同体的强制产生了矛盾。因此，伍德等人认为费希特的承认理论是不完善的，但

---

① 伍德在此澄清，这种规范性原则并非出于道德命令，它不关涉内在意图，因而比道德命令更为根本和原始，它根植于绝对自我的自由本源活动。

他毕竟指出了一条建立社会规范的理论道路，这条理论道路在伍德看来是由黑格尔完成的。

黑格尔对费希特承认学说的修正就在于，承认并非自我意识可能性的先验条件，而是渗透着社会历史因素的一个过程，这一过程始于主人和奴隶的生死斗争。也就是说，在实现一个基于平等的社会之前，还要经历一个不平等的承认式的社会。综合黑格尔关于承认的论述，从现象学中自我意识的诞生到主奴关系，再到法权体系中的抽象法权，存在着一条理性主体双方不断承认的逻辑线索，这一过程大致可以分为四个阶段：

1. 自我对自我确定性的寻求，并要求他者的承认。在伍德看来，黑格尔采用了与费希特知识学相似的理论路径，从作为单一的个体，即自我意识作为他的承认理论的逻辑起点。自我意识意识到自身是个统一体，它的要求就是"超出"一切异于自身的他者，这就表现在"自我意识就是欲望一般"这个命题上。自我意识只有破坏或消灭对象的独立性，确信"他者是虚无的"，才能拥有自身的确定性。因此，自我意识的欲望就是一种确定自身真理的欲望，它只有通过某种外在的东西，才能获得自我的确定性，这就迫使自我意识不得不耗尽对象。① 然而，通过否定一般对象所获得满足并不充分，这种否定还不能带来完全的满足，而仅仅带来了无穷无尽的新的欲望。因此，自我意识所欲望的对象不仅需要能够被自我所否定，又需要对象不断地自

---

① 黑格尔最早在"感性确定性"一章中通过动物表达了这个思想的雏形。在那里，动物并不把异于自身的感性事物当做一种自在的存在者，而是确信它们是虚无的，并将其吞噬。在论证占有时，黑格尔表达了同样的看法，即只有通过对私有财产的占有，才能获得自身的确定性。

我构成自身。以此，这个对象只能是另一个自我意识，"自我意识只有在一个另外的自我意识里才得到它的满足"①。然而，此时的另一个自我意识完全是为着自我意识而存在的，在这种情况下，自我意识才能通过他者获得自身的确定性，换句话说，自我意识之所以能够获得自身的统一性，仅仅是因为它是作为一个被承认的东西所存在的。

2.为承认而斗争的主奴关系。自我意识如若想要获得另一个自我意识的承认，就必须同时承认另一个自我意识。由于另一个自我意识只是被欲望的对象，仅仅是自我需要否定或消灭的他者，这种相互承认就只能表现为一种斗争。但是，这场斗争并不以一方的死亡作为其目标，否则就不会存在承认的主体和对象了，自我意识因此只能希望通过支配或奴役他者来实现这种承认。在两个自我意识的斗争中，出现了不同的环节，一方是主人，具有独立的自由意识，另一方是奴隶，它因受制于主人的制约而附属于主人。主人能够认识和改造以自然为对象的物，通过控制物进而实现对奴隶的控制。主人由此迫使奴隶承认他就是主人，强迫奴隶为他劳动和提供劳动成果。这样一来，主人与物的关系就转变为对物的纯粹否定，通过占有和消费物来满足欲望，而奴隶在与物的关系中完成了对自己的否定，使自己获得了自由意识，得到了自由与解放。黑格尔把主奴关系只是看作意识的一个发展阶段，只有回到普遍的自由意识中才能克服主奴意识，进而过渡到下一个阶段。

3.普遍自我意识之间的相互承认。在主奴关系中，主人丧失了对具体事物的掌控，仅仅与纯粹的抽象打交道，这就同时错失了真正的

---

① ［德］黑格尔:《精神现象学》，邓晓芒译，人民出版社2017年版，第119页。

自由，而奴隶一方面赋予物以形式，使自己成为自为存在者，另一方面又承认主人意识才是自为存在的，这种自我分裂也不是自由的真正含义。因此，主人和奴隶都必须扬弃自身，意识到双方都是一个自由的他者，从而进入一种真正的普遍性之中。在这种普遍性中，自我意识意识到自身不仅具有特殊欲望，还是理性的存在者，可以依照普遍的原则行动，并承认另一个理性存在者的自我意识。

4. 普遍自我意识的承认处于抽象法权之中。自我意识由相互斗争的混乱状态过渡为相互承认为基础的社会状态，现在，自我意识意识到必须把自己的权利同样授予他者，自我的权利才能得到保障，"那个认识着的意志如今成为普遍的意志。它就是承认……它在一般意义上就是伦理生活，它径直就是法权"①。这就使双方进入到拥有抽象法权的社会共同体中，双方承认彼此拥有自由行使权利的外部范围。就此而言，自我意识的相互承认在逻辑上先于占有行为的发生。

综上所述，在伍德的解读下，承认就是黑格尔法权体系规范性的基础。自我意识并不首先是对自己的承认，而是获得他人的承认，自我意识存在的根据就在这种相互承认的关系中。相互承认不仅可以造就一种规范权威，使个人的行为有了能够加以评价的标准，也能够揭示出个人认知的实践维度，从而保障了个人认知与实践的统一性。伍德等人就由此展示出奠基于费希特并完成于黑格尔的一条通过自我意识的相互承认演绎出抽象法权的完整的逻辑之路。

考察黑格尔在其成熟作品中关于承认的论述，可以发现，黑格尔

---

① Hegel, *System of Ethical Life (1820/3) and First Philosophy of Spirit*, trans. H.S.Harris. Albany: SUNY Press, 1979, p.118.

主要在三个地方对承认进行了较多的论述：主奴关系中的相互承认、抽象法权中占有所蕴含的承认关系以及在国际社会或国际法中不同国家之间的相互承认。鉴于国家之间的相互承认处于伦理实体的范围内，并奠基于抽象法权之上，因此，多数讨论黑格尔承认理论的学者主要探讨了前两部分关于承认的论述。伍德构建下的黑格尔承认理论将主奴关系和抽象法权的承认学说视为一体，将主奴关系所引发的相互承认作为抽象法权的基础。然而，承认真的可以构成其法权体系的规范性基础吗？对这一问题的回答必须深入黑格尔关于占有和私有财产的论述中才有可能。

　　黑格尔从人格的无限意志出发，通过占有形成了私人财产，这种占有以及私有财产的产生蕴含着某种承认关系。在黑格尔看来，对财产占有的合法性首先不是来源于不同自我意识之间的承认，而是源于个人的特殊意志。也就是说，仅仅依靠个人自由意志的现实化，就能够确定所占有的财产的合法性。这一逻辑关系似乎可以表现为"人格—占有—承认"，与伍德以承认作为抽象法权规范性基础的"承认—人格—占有"的逻辑正相反对。这样一来，我们就可以认识到伍德所构建的承认理论对黑格尔的误读。

　　首先，伍德颠倒了黑格尔抽象法权中个体性和社会性的关系。在论述私有财产的起源时，黑格尔是从所有人际关系中抽象出的单一个体的角度出发的，这个个体直接面对无自由、无法权的自然之物，人与物所构成的抽象法权首先被规定为单一的个体意志与无意志的自然之物的关系，因此，人格的法权能力无须得到他人的承认，自身就有通过占有获得私有财产的权利。从历史或现实的角度看，私有财产蕴含着社会性的内容，但私有财产的实现是由单一个体的抽象法权引起的，就此而言，伍德在相互承认的主体间关系上推演出抽象法权的逻辑路径不符合黑格尔对个体性与社会性之间关系的论述。在私有财产产生的占有阶段，还尚未出现不同个体之间的社会关系。

其次，伍德无法解释占有的偶然性。按照伍德的理论逻辑，自我意识之间的相互承认将使所有的人都是平等的，基于承认所构想的社会必然是一个平等的社会，社会中的个体所占有的物也必然是大致相同的。然而，黑格尔明确地说明，占有什么，占有多少，是纯粹偶然的事情，在此基础上，黑格尔反对这种相互承认导致的抽象的平等。在黑格尔的意义上，抽象法权中的人格仅仅代表着个体拥有财产的权利，并不能以此证明或演绎出每个个体都拥有同等的财产，也不能使个体要求任何具体数量的财产。"人格"的概念渗透着精神的含义，可以逻辑地推导出每个个体必然会拥有财产，但是，"精神的各个实例应当成为所有者的尺度或比例不能从该原则中读出。"①因个体之间的偏好、技能和性情的不同，财产上的平等是不可能的。同时，个体能否具有足够的生存能力，也并不是人格或所有权中的权利问题，对这一问题的答案只有在道德或市民社会中才能找到，因此，个体所拥有的具体财产不能从人格中逻辑地推导出。

最后，伍德无法证明相互承认的内容和目的。在伍德看来，自我意识之间的相互承认能够使不同的个体产生一种尊重对方的意识，并现实地推导出对权利的承认。然而，黑格尔不断地强调，仅仅依靠个体的单一意志就可以实现占有，对私有财产的占有是基于一种先验

---

① Adriaant T.Peperzak, *Modern Freedom: Hegel's Legal, Moral, and Political Philosophy*, New York: Springer, 2001, p.246.

的权利。即使所有个体都彼此承认对方是理性的主体，那也只是承认了对方拥有合法占有的权利以及对对方具有与之相同的人格的尊重，因此，权利和尊重不是相互承认所赋予的，而是相互承认的逻辑基础。在抽象法阶段，存在的仅仅是单一个人自由意志的现实化，还没有出现主体间的关系。承认意味着对他人权利的承认，因此主张承认先于权利的学者们无法说明我们到底承认的是什么。权利在抽象法中是直接给予的，它还只能是单一个体的权利，因而必须先于承认而存在。此外，黑格尔此处所讲的承认也仅仅是对人格和财产的承认，不是自我意识之间的承认，它仅仅是对已经存在的财产占有的回应。

由此可知，黑格尔关于人格和所有权的基本思路是，个体对自由的实现首先表现为拥有私有财产，个体的单一意志拥有实现占有的权利，这就导致了私有财产的产生，这种占有关系蕴含着理性主体的相互承认。仅仅依靠个人自由意志的现实化，就能够确定所占有财产的合法性，主张承认理论的学者们所谈到的平等、规范权威等内容在抽象法阶段还未出现。佩佩尔扎克正确地看到了这一点，他说："黑格尔既没有在自由自我意识之间的相互承认中看到人格的基础，也没有认为将占有转化为财产的是其他人对自我的占有的承认。"[①]伍德以现象学中主奴关系的承认为基础，以"承认—人格—占有"所构建的承认理论是对黑格尔哲学的误读。

黑格尔在现象学的主奴关系和法哲学的占有关系中分别论述了承认，然而，这两处对承认的论述似乎是割裂的，显得极不融贯。在现

[①] Adriaant T.Peperzak, *Modern Freedom: Hegel's Legal, Moral, and Political Philosophy*, New York: Springer, 2001, pp.250-251.

象学中，意识历经了感性确定性、知觉和知性等环节，在自身确定性的真理这一阶段中意识到，意识只能是自我意识，并进而发现，符合个人尊严的欲望不是将对方吞噬或消灭，而是要求对象对自我的承认，这就进一步引发了主奴关系的辩证运动。而在法权关系中，自由的人格具有占有自然之物的无限意志，通过占有等形式就可以确立个体的私有财产，这种占有关系蕴含着理性主体之间的承认。因此，伍德对黑格尔误读的根本原因在于，对两种不同的承认形态进行了统一性的整合：将主奴关系对承认的论述作为黑格尔承认理论的社会历史条件，以此作为抽象法权中承认学说的基础，以此来解决费希特承认理论的困境，从而将两处的承认学说统一起来，建构出一以贯之的逻辑路径。为了更好地回应伍德的理论，有必要考察现象学和法哲学中不同承认学说的关系，并以此说明在黑格尔哲学中其实存在着两种不同的承认形态。

《法哲学原理》第 57 节关于奴隶制的有关论述为我们提供了一个解决这一问题的线索。在评价过奴隶制是否具有正当性之后，黑格尔说了这样一段话：

> 这种早期和虚假的表象所涉及的精神，还尚未超越其最初的意识立场。自由的概念和只是自由的直接意识之间的辩证法，在这个阶段就引起了为承认而斗争和主奴关系。①

这里我们可以看出，现象学中谈论的"最初的意识"仅仅是一种

---

① ［德］黑格尔：《法哲学原理》，邓安庆译，人民出版社 2017 年版，第 113 页。

第四章 占有、契约和惩罚

"虚假的表象"。这种"最初的意识"是从现象学,也就是前理性的角度来看待精神,因此,在现象学的视角,人类不可避免地会发生冲突,甚至产生主人和奴隶的关系。这一视角受自然的欲望的支配,还不能产生出理性意志所要求的权利和义务。这也就说明了,在现象学中,不同自我意识之间的承认只能是一种不充分的承认,这种承认带有奴役和压迫的因素,它无法上升到基于平等和尊重之上充分的相互承认。① 之所以现象学中的承认是不充分的,就是因为不同自我意识之间带有自身的特殊性,并且其中一个自我意识在根本上是附属于另一个自我意识的,这就只能产生"主人"和"奴隶"这种身份、地位、意识层面相悖的承认主体,因而也就无法从这种不充分的承认演绎出尊重和权利。更进一步说,这种处于不充分承认关系的不同自我意识根本上只是同一个自我意识,它们仅仅是同一个自我意识分化出的不同结构,主人和奴隶亦是同一个自我意识在显示自身时不同的两个环节,因此,这里还尚未引入社会性的维度,更遑论两个自我意识基本平等而导致的相互承认。这就是黑格尔所论述的关于承认的第一种形态,它出现于现象学中自我意识的不充分的承认关系。

抽象法权中的相互承认是黑格尔承认学说的第二种形态。此处,黑格尔"不再以带有自然欲望的自我意识作为其承认学说的逻辑起点,而是从具有相同特性的人格出发,这种人格背后所体现的就是不同个体所具有的相同的自由意志"。人格的现实表现就是私有财产,私有

---

① 这也从侧面证明了伍德的理论必然是对黑格尔承认学说的误读。伍德借助于"普遍自我意识之间的相互承认"完成了从现象学到法哲学的过渡,这种观点无法在黑格尔哲学中找到。事实上,现象学和法哲学的承认学说完全建立在不同的基础之上。

财产所蕴含的物与物之间的关系隐藏着人与人之间的关系。因此，私有财产不是与人格相对立的外在之物，而是人格或自我意识在法权世界中的表现形式，它彰显并表现着个体的自由意志。私有财产作为人格的现实化，与人格一样是"单一性"的，而人格作为意志把自身视为"单一性"，而且作为人格他同时是直接的"单一性"，这种"单一性"就规定了自己的私有财产不受其他人格的侵扰。由此，私有财产就作为法权直接的具体化形式，成为黑格尔后来论述法律、道德、社会、政治甚至世界历史的基础。

通过财产所构成的所有权是通过占有来实现的。① 占有的形式尽管多种多样，② 但都是为了获得对物的所有权，这种对物的占有暗含着对他人的承认。因此，抽象法权中以占有作为人与世界的最初交往才是自由的必然结果，也就是说，只有先存在占有，才能有承认的存在。但从另一个角度来看，也只有在不同理性主体间的相互承认的视角下，才能体现出占有的意义，并衍生出关于占有的禁止性的规范性内容。同样的，也只有占有的产生，才能保证承认的有效性。就此而言，占有和承认可视为黑格尔关于财产问题的两个侧面，它们在各自的意义上构建着对方。

---

① 黑格尔区分了作为自然的占有和作为需求的占有。所谓自然的占有就是出于自由意志的合法占有，他人应当对这种自然的占有予以承认并尊重，而作为需求的占有则是出于冲动的任意选择，它仅仅把占有当做手段，其目的在于满足占有者的需求。黑格尔认为，自由意志并非赋予我们一种任意选择的权利，而是为我们在选择之前所拥有的自主选择权利提供一种保障，因此它不能成为滥用选择权利的借口。

② 占有的形式主要包括身体的直接占有、给物以定形的方式、标记式的占有以及通过所有权的转让实现的占有。

第二节 契约

在西方近代政治思想中，契约常常成为政治合法性的基础。黑格尔承认契约是现代社会关系的一部分，但却认为必须将其置于整个道德和伦理的法哲学体系中进行考察。无论如何，契约构成了从社会的角度考察不同个人之间关系的起点。

一、契约关系的一般理解

个人自由意志的直接现实化就是占有，占有不仅体现了人与物的关系，也隐含着一种人与人之间抽象的社会关系，那就是承认对方占有某物的权利。这种相互承认就构成了契约，因此，契约体现了基于个人相互承认之上的社会关系。

> 契约以当事人相互承认为个人和所有人为前提；因为它是一种客观精神的关系，所以承认的这个环节包含在它之内并以之为前提。[1]

既然契约以相互承认对方的所有权为基础，而所有权的存在体现的是个人的自由意志，因此，个人与他人在契约中的关系就是一个意志对另一个意志的关系。

---

[1] [德]黑格尔：《法哲学原理》，邓安庆译，人民出版社2017年版，第142页。

> 作为意志的定在，它之作为为他物而存在的东西只不过是为了另一个人的意志而存在。这种意志对意志的关系就是自由赖以获得定在的本真而真实的基础。①

意志对另一个意志的关系能够存在，其根本原因在于所蕴含的所有权的转让。在这个以所有权转让为核心的契约中，一个人占有财产X，另一个人有意愿想要获得X，并且两人都同意把X从第一个人转移到第二个人那里，如此一来，契约就达成了。重要的是，契约关系是平等主体的自由意志的结果，如果一方失去自由意志，或一方采取欺诈、威胁或抢夺的方式强制性地转移他人财产，两者就不存在一种契约关系。因此，作为财产转让当事人的契约主体必须是具有平等自由精神的人格主体。而作为契约客体的X，也只能是无意志、无生命的物，而不能是人的精神或生命。

通过契约关系的内在结构，我们可以看出，契约同样体现着人的自由意志。自由意志的本性在于它意图在法的所有领域和所有层次现实化，因此它是无限的。假若没有其他自由意志的存在，它对物的占有也是无限的，也就没有所有权转让或契约形式的出现。在与其他自由意志共存的前提下，个人占有就只能是有限的，个人无法通过占有之物来满足自己无限的自由意志，这就产生了自由意志的无限性与个人占有之物的有限性之间的矛盾。为了实现其无限性，自由意志必须不断放弃或转让有限的占有之物，并进而占有其他物来实现自己的无限性。

---

① ［德］黑格尔:《法哲学原理》，邓安庆译，人民出版社2017年版，第142页。

第四章 占有、契约和惩罚

在契约中，占有形式下的个人意志开始上升为个人与他人的共同意志。也就是说，契约的实现是通过更高的同一性的实现来完成的。一方面，契约中出现的共同意志保证了个人意志的实现，个人通过契约完成了所有权的转让，契约作为一种手段，"人们可以借此表达对彼此作为财产所有者的这种承认，从而使其成为一种相互已知的承认"①；另一方面，共同意志自身也得以实现，基于相互承认之上的财产关系使人们纳入一个相互关联的社会之网中。黑格尔由此认为，"契约的本性就在于，共同意志和特殊意志都得到了表达。"② 同时，契约也为共同意志和特殊意志划清了界限，只有在所有权转让的范围内，共同意志才能发挥它的有效力，在契约之外的世界中，依然存着两个相互排斥、相互对立的特殊意志。我们可以说，契约无非就是两个特殊意志共同利益的合法表达，在契约范围之外，任何一方都不应当把不正当的要求加于另一个自由意志之上。

个人意志通过占有得以实现，而共同意志的表达则是通过约定这种形式。约定的形式多种多样，并且随着历史的发展而不断出现新的形式。黑格尔就提到在未开化的民族中，物物交换还是主流，有一个生活在锡兰森林中的民族，他们将所有物放置一处，愿意交换的人就在对面放下自己的物进行交换。今日，约定更多的是采取语言的形式，因为这是一种更加文明、更具精神性的约定形式。在约定之前，我对所有物的转让只是一种潜在的可能性，只有当我的意志决定转让之时，我的责任和义务才得到了规定，那就是我必须放弃我对物的

---

① Andrew Chitty, "Recognition and Property in Hegel and the Early Marx", *Ethical Theory and Moral Practice*, Vol.16, No.4（2013）, pp.685-697.
② [德]黑格尔：《法哲学原理》，邓安庆译，人民出版社2017年版，第151—152页。

161

占有，并将它转让给另一个当事人。另一个当事人也在约定之时获得了责任和义务。在这个意义上我们可以说，"权利不能存在于自然状态，因为它们是主体间性的。"①

二、对社会契约论的批判

在中世纪，法权学说中流行的是一套君权神授的政治制度理论，君主是上天或上帝在人间的代表，代行统治人民的权力，人民从肉身到精神都附属于君主。当资产阶级革命进行之时，君主的权力被议会或人民所取代，西方社会由此进入了"从身份到契约"②的转型时期，社会契约论遂成为论证人民自由以及政权合法性的主流学说。这种学说奠基于同意之上，个人因其自由而将自己的一部分权力让渡出去，国家凭借个人的同意才具有合法性。洛克认为，"任何人放弃其自然自由而受制于公民社会的种种限制的唯一办法，是同其他人协议联合组成为一个共同体。"③这也就说明了，自由是人之为人的最基本的权利，国家等统治机器的建立也是依赖于个人自由的让渡，因此，国家必然是为人的自由所服务的。

虽然不同的契约论者对于社会或国家奠基于同意之上没有太大的异议，但是对因何理由而同意却有不同的看法。第一种看法，霍布斯认为之所以能够同意让渡一部分权力，乃是基于功利的利益考量，这

---

① Jeanne L. Schroeder, Unnatural Rights: Hegel and Intellectual Property, *University of Miami Law Review*, Vol.60（4），2006, pp.453-503.
② 参见［英］梅因：《古代法》，沈景一译，商务印书馆 1959 年版。
③ ［英］洛克：《政府论》下篇，叶启芳、瞿菊农译，商务印书馆 2007 年版，第61页。

是由于个人无法在原始状态中保护自己，使自己时常暴露于暴力或危险的境地，为了自我保存，个人通过契约组成国家，其目的就是出于私利，使自己免于对暴死的恐惧。洛克接受了霍布斯对于同意的看法，但他在利益考量之外开始思考道德的作用。休谟虽然不再致力于发展社会契约论，但在其功利主义的理论基础上依然认为同意只能源于利益，契约也只是人们出于利益的考量所达成的临时约定。第二种看法就是认为同意并不是为了自我保存而作出的利益考量，而是出于纯粹的道德意志。这一观点的代表人物就是卢梭和康德。卢梭提出了"公意"概念，以此与个人的特殊意志区别开来。公意体现的是全体人民的共同利益，个人的私利、欲望和爱好等被排除出去。人们之所以能够签订契约，不是对个人利益的考量，而是出于对公益所体现的个人权利的尊重，这样一来，同意仅仅是纯粹道德意志的表现。康德同卢梭一样，不再强调意志或道德的后果，而是把关注点聚焦于道德意志本身，这种道德意志不掺杂任何感性或经验的成分，康德把这种道德意志称为"善良意志"，它所欲求的只是对所有人平等有效的道德法则。虽然康德把社会或国家的权力追溯到原始状态的社会契约中，但与卢梭不同的是，康德明确认为原始状态只是一种理念，一种理性的假设，而不是历史事实。但无论如何，卢梭和康德都认为，签订契约并非为了获得个人的私利，而是出于对道德法则的敬重。

　　黑格尔对契约的态度是复杂的，一方面，他坚决反对用社会契约论的方式来论证国家的存在；另一方面，他又在某种程度上承认契约的必要性，其主要发挥作用的场所是在市民社会中。黑格尔对契约的看法散见于文本的各个地方，总的来看，我们可以总结出黑格尔对社会契约论的批评要点。

首先,社会契约所达成的同意是一种抽象的全体同意。契约是契约双方就某项事宜达成一致的看法,并希望契约能够为双方带来利益的条约。因此,签订契约的前提是双方可以从对方那里有所需求,契约本质上也就是一种交换,当双方没有实质上的利益需求之时,契约是不可能签订的,双方也就无法进入一种契约关系中。当社会契约论者要求所有人因需求签订契约而形成一个共同体时,事实上是在抽象的个人层面所作的设想,这样的个人在契约中没有自己的价值和偏好,只有作为均质化的抽象个体,社会契约就成了只是为了物的满足而签订的临时约定,以致完全无视人与人之间的差别,这难免会造成无差别的对具体个人的伤害。即使契约考虑到具体的个人,以至于所签订的契约完全正义,但在社会契约的框架下所带来的结果也可能使人遭受不公正的对待。在黑格尔看来,这是因为在市场机制中追求的是能力和效率,它倾向于在社会中产生某种不公正,因此,契约无法保证实质上的平等和公正。

其次,社会契约论者对退出机制语焉不详,无法解决如何退出契约的问题。契约既有可能是双方自愿签订的,也有可能是一方凭借权威强迫对方签订的。这就使签订双方一开始就有可能处于不对等的地位。当有人萌发退出契约的想法,是否其他契约签订者能够同意,他们因何种理论可以阻止这种退出行为就存在很大的争议。如果允许退出并有一套良好的退出程序,那么势必有很多人因不满足于现状而选择退出,这也就面临着退出条件的问题。如果不允许退出,是否会造成事实上的强者压迫弱者,或者是某种程度上的多数人的暴政。霍布斯等人对这些问题的解决并不能很好地说服契约签订者,他们也无法对此提出妥善的解决方案。

最后，契约同时规定了权利和义务，这就要求契约双方权责一致且权责自负。但是，这种仅仅规定利益的契约很容易造成个人盲目追求自己的利益，而忽视了社会或国家的利益。这样一来，不仅使人与人之间的关系变成了纯粹的利益关系，而且社会契约的签订似乎也成为仅仅满足人类欲望的工具。

正是由于社会契约论所产生的某些难以解决的问题，促使黑格尔不得不重新思考如何论证社会和国家的产生，以及反思社会契约论出现的根源。

三、原子主义

以上所述的关于黑格尔对社会契约论的批判虽然体现在各个方面，但我们可以看出，这些批判大多是针对契约论的后果展开的。通过反思社会契约论，黑格尔最终认为是原子主义的思维方式决定了社会契约论的产生。这种思维方式认为，对社会及国家的证成或辩护必须还原为个体，个体作为抽象出一切社会关系的原子是社会及国家建构的基础。在此，我们以卢梭为例来说明原子主义思维方式的具体操作方式，以此更好地展示出黑格尔的独特贡献。

简单地用一句话来概括卢梭的观点，那就是人是自由的，公意保证和实现了这种自由。最终来说，公意体现在国家这个共同体之中。也就是说，个人自由的存在与实现要依赖于国家才得以可能。卢梭提出的"公意"概念是为了解决个人自由与因需要而产生的社会协作之间的矛盾：个人自由倾向于摆脱任何人或制度强加给它的责难或要求，而社会协作必不可少地会对个人产生强制。因此，公意存在的目的就是"保持自由意志的道德属性，同时摒弃意志的特殊性、自私性和任意性"①。调和个人自由和社会协作之间的矛盾就成为了卢梭的公意学说的任务，这一任务要求既要充分保障个人的自由，又要在不损害个人自由的情况下使社会协作积极运行。卢梭认为，只有当公意同时是个人自由之时，才能解决这一矛盾，这也就意味着，只有当法律、国家等立足于个人自由，且个人意识到对它们的接受就是在彰显自己的自由时，个人自由与社会协作之间的矛盾才能够消解。而要完成这一任务，个人必须就何为公意或什么是个人都能够接受的东西达成一致。卢梭的这一思路在逻辑上来说是行得通的。但在分享共同的理念时会面临一个难以解决的问题：当社会共同体中的某些个人不认可大多数人的想法时，应该怎么办？卢梭似乎给出了一个出乎意料的回答：

> 为了使社会公约不至于成为一纸空文，它就默契地包含着这样一种规定——唯有这一规定才能使得其他规定具有力量——任何人拒不服从公意的，全体就要迫使他服从公意。②

这句话给出了卢梭的公意学说中一个关键之处，那就是公意暗含着一条规范性的原则：任何人都应当服从公意，换句话说，当有人拒

---

① Patrick Riley, "Rousseau's General Will: Freedom of a Particular Kind", *Political Studies*, Vol. 39, No.1 (1991), pp.55–74.
② [法] 卢梭：《社会契约论》，何兆武译，商务印书馆 2003 年版，第 24 页。

第四章 占有、契约和惩罚

不服从公意时,其他人有权利让其服从它。这条规范性的原则本身看起来并没有什么问题,但它出现在卢梭的学说中似乎显得不合时宜,因为在卢梭那里,个人的自由是公意的基础,而这条规范性原则似乎违反了卢梭自己建立的自由原则。

为了更清楚地看到卢梭是如何得出这个原则的,我们有必要让目光回到卢梭最初论证自由的地方。在卢梭看来,自由意味着免于对他人的依赖,但同时,卢梭又把依赖视为人在生存过程中的一个根本特征。因此,卢梭需要解决的问题就是如何实现既要论证依赖的必要性,又要说明免于依赖的自由的存在。依赖与需要这一概念紧密相关,所谓依赖,就是自我需要的满足。从主观上看,自我的需要包括现实社会中的需要和幻想中的需要,但无论是现实的,还是幻想的,都是一种需要,都会为此种需要而行动。从客观上来看,这一需要满足的东西来自两个方面:对物的需要和对他人的需要,由此也就产生了对物的依赖和对他人的依赖两种形式。卢梭所谈的依赖更多的是对他人的依赖,因为对他人的依赖很容易使人丧失自我抉择的自由,因此当他说到自由时,常常就意指免于他人依赖的自由,而按照卢梭的设想,对物的需求是指对人的生命之维存必不可少的东西,如衣物、食物等,对物的依赖几乎不会损伤人的自由能力。除了对物的需求,人类还存在一种对他人的需求,这被卢梭称为一种"自爱(amour-propre)"。这种自爱并不是对物质条件的需求,而是在精神层次上对自我受到关爱和尊重的渴求。这种对自爱的需要本质上是想要获得来自他人的承认。对这两种依赖关系,卢梭在《论人与人之间不平等的起源和基础》中作出了总结:"我们所做的一切,无非是追求两个目标,即为自己追求生活的舒适和赢得别人的尊重。"[1]需要注意的是，卢梭没有谈到因对物的依赖而导致的对他人的依赖，这种依赖关系因为同样损伤了自由能力而应当归于对他人的依赖之中。

　　正是由于人的一生就是需要不断被创造、不断被满足的过程，因此依赖也就成为一种伴随一生的状态。这种依赖关系极有可能导致个人自由意志的丧失。与之相反，自由就是一种独立的状态，它意味着能够按照自己的意志来行动。在以上关于需要理论的讨论中，卢梭对自由作出了一个否定性的判断，自由与其说是实现自己的意志，不如说是不服从他人的意志。这样一来，自由就是一个人暗含的能力，它有拒不服从他人的可能性，换种说法，只要我没有服从他人意志之时，我就是自由的。因此，在卢梭看来，自由并不是个人独处所保持的一种状态，它总是关涉与另一个意志的关系。诺伊豪瑟认为，"这个特征在根本上把自由变成了一种道德现象。"[2] 卢梭的"自由"概念显然具有规范性的要素。就此而言，依赖是一个意志服从另一个意志的状态，而自由就是不受制于另一个意志的状态。总之，卢梭认为，需要的存在是必然的，也必然会产生依赖关系，而依赖关系也必然会导致服从，进而使人丧失自由。但卢梭的解决之道并不是消灭或降低需要，而是消灭对他人的依赖关系，并使这种对他人的依赖关系转移到对共同体的依赖上来。这种共同体就是来自公意，他希冀的是建立一整套政治社会制度，使人避免对他人的依赖，从而可以在这个共同

---

[1] [法]卢梭:《论人类不平等的起源和基础》，李常山译，商务印书馆1997年版，第156页。

[2] [美]弗雷德里克·诺伊豪瑟:《黑格尔社会理论的基础：积极自由》，张寅译，北京师范大学出版社2020年版，第85页。

体之内幸福地生活。

公意在卢梭那里更多的是以法律的形式出现的,因为法律较为确实地反映了公民的意志,因此对法律的遵守就是在依靠自由意志行动。回到上面所提出的问题:当社会共同体中的某些个人不认可大多数人的想法时,应该怎么办?卢梭的回答是强迫他遵守公意。在这种情况下的遵守公意就是一种被迫自由。卢梭对自由更多的关注的是其否定性的方面,即不服从他人的意志。因此,一个人若能避免服从他人的意志,那他就是自由的,而公意就为个人带来了这种自由。这样一来,公意就意味着,无论个人是否能有意识地认识到,它都是个人意志的真实体现。因此,公意事实上是从否定方面界定了个人的自由,它使个人免除对他人的服从。

黑格尔认为这似乎并不能说明真正的自由,因而卢梭从需要到依赖再到对自由的论证是有问题的。其错误之处在于卢梭的论证是从个人出发的,也就是说,在卢梭的理论逻辑中,先有个人,而后有公意。这也同时是所有社会契约论者的共同之处。这样的个人无论是理智的"经济人",还是需要不断满足的"欲求者",都只是人们头脑中抽象出来的,它抽调了关于人的各种规定性,成了一个纯然的抽象理念。黑格尔反其道而行之,他认为,个人自出生伊始,就被置于社会和国家等政治社会制度中。

黑格尔从两个方面改善了卢梭的理论。首先,自由不再是一次给予的规定,它毋宁是具有不同的环节。意志自由在黑格尔那里存在着三个阶段:抽象法权、道德和伦理。抽象法权是自由意志对外在之物的占有,它表现为一种抽象的人格性。抽象法权又可划分为占有、契约和不法三个环节。契约仅仅被黑格尔视为抽象法权的一个环节,它

169

虽然是由契约双方根据共同意志所达成的某种一致性，但它仍然只是一种特殊意志，这从对契约进行破坏的不法行为可以看出。因此，我们可以得知，所谓的抽象法权阶段事实上就相当于社会契约论者所设想的原始状态。但黑格尔将其改造为一个辩证发展的动态结构，其中任何一个环节都必须在后面的环节中才能得以保障和实现。契约所处的位置无法有效地对道德和伦理进行规定。其次，黑格尔将公意明确改造为伦理生活。伦理生活中的家庭、市民社会和国家等是人出生伊始就已经存在的社会制度，并对人的社会关系提出了各种规定。这就是说，不存在没有任何规定性的独立的个体，人总是已经处在社会制度之中。个人只有在伦理生活中才能实现自己的自由。

综上来看，黑格尔颠倒了卢梭的论证逻辑，不再从无规定的个体出发来论证社会和国家的存在和合法性，而是把个体与社会制度纳入一个不断相互建构的体系中。

第三节　犯罪与惩罚

无论在个人周边还是在国家和世界层面，我们都会承认恶的存在。哲学的目的之一就是使人达至善，因此关于恶的地位和起源问题一直处于哲学探讨的核心。它曾以多种不同的形式提出，最早可以追溯到伊壁鸠鲁对恶的问题的哲学分析，基督教兴起后，恶的问题逐步与宗教问题合流，开始探讨恶与全知全能的神的关系问题。除去这些关于恶的问题的哲学上的繁杂论证，我们能够共享一个简单的事实：善存在的地方就有恶出现的可能性。在黑格尔法的实现中，恶也出现于不同的层次，不仅出现于抽象法中对他人财产的侵害，还包含道德中的恶以及国家间的暴力行为。

具体到抽象法中，契约是通过制定规则来满足不同需要的人的占有，那么，恶就是对这种规则的破坏。但是恶并非产生于契约之中，而是根源于个人的自由意志中。自由意志的实现是人之为人的条件，具体表现在人对物的占有，并由此避免我们沦为奴隶。契约保证了我们占有及其转让的合法性，这使得我们个人的特殊意志上升到普遍意志。因此，对契约规则的破坏就是对普遍意志的伤害，恶就来源于个人特殊意志与普遍意志的对立。此处的恶还不是道德层面的恶，因为它仅仅关系到是否是破坏契约的具体行为，还不涉及个人主观上的不良意图。黑格尔并不把恶看做是个人主观的非法意愿，而是寻求这种非法意愿产生的根本原因。可以看出，黑格尔对事情的分析并不局限于现象的阶段，而是"透过现象看本质"，力图查明这种现象之所以如此的制度因素。因此，抽象法中恶的出现自有其结构上的原因，这种结构上的原因就是抽象法权的脆弱性。

抽象法是自由意志直接的现实化，其内部权利的实现在很大程度上依赖于个人的特殊利益，以至于像契约这样体现共同意志的还是受到个人特殊利益的强力干扰，个人的特殊利益与其所建立的共同意志之间的联系是松散的和脆弱的。我们知道，契约是通过建构一种共同意志来实现个人的特殊意志，就共同意志达成的一致来说，双方具有共同的利益，但双方在契约中却各有自己特定的义务，这就要求双方应该尊重并履行契约中规定的权利和义务。然而，共同意志的实现最终取决于个人的特殊意志，在抽象法阶段没有任何强有力的制度能够保证双方能够履行自己的权利和义务，契约面临着随时解体的可能性。

这样一来，偶然性就在契约中占据了重要的地位。当契约中的"应当"与个人的特殊意志发生冲突时，恶就产生了。

按照契约被破坏的形式的不同，抽象法中的恶有三种基本的形式。

第一种是无犯意的不法。所谓无犯意的不法，意指在尊重共同意志的前提下，个人希望将自己的特殊意志上升为共同意志。这种不法形式还承认共同意志的有效性，只是此共同意志必须由自己的特殊意志单方面地授予，从而排斥他人的特殊利益，由此对他人的特殊意志造成了伤害。虽然能够意识到契约中所规定的权利与义务要求，但这里的权利与义务要求是由个人的私人利益规定的，普遍意志与特殊意志不可避免地分裂了。"在这里法是被承认的，每个人都意图有法，且意图只有他的法应该变成真正的法之所是；而他的不法只在于，他把他的意图的东西当作法。"[1] 但是，这里并不存在违法的故意。

第二种是欺诈。欺诈是当事人有意利用契约固有的要求来欺骗对方。这种形式下的契约只是"单纯假象的东西"[2]，是用来欺骗他人的手段。之所以能够如此，就在于契约的偶然性，它可以被当事人的主观意志所操纵，比如当事人的身份可以是假的，契约的内容可以是虚构的，等等。我们可以认为，无犯意的不法损害的是特殊意志，但共同意志能够得到维护，哪怕共同意志只来源于单个当事人的特殊意志，但毕竟也是要受到尊重的，与之不同，欺诈保护的是特殊意志，而共同意志作为欺骗的手段没有受到尊重，这是因为欺诈形式让被欺

---

[1] [德]黑格尔：《法哲学原理》，邓安庆译，人民出版社2017年版，第166页。
[2] [德]黑格尔：《法哲学原理》，邓安庆译，人民出版社2017年版，第166页。

第四章 占有、契约和惩罚

诈者感觉到了自己的权益是受到保护的。因此，欺诈的意图损害的是共同意志。

第三种就是犯罪。犯罪比欺诈更为严重的地方在于，欺诈还保留着维护共同意志的假象，而犯罪则直接撕破了这种假象，对法采取了直接的否定态度。黑格尔在此意义上称之为"真正的不法"①，这样一来，犯罪与法的概念是矛盾的。犯罪使法在主观和客观两个方面都遭受到了损害。在主观方面，无犯意的不法和欺诈还存在着某种对法的精神的认可，依然采取伪装的形式对法进行侵害，但到了犯罪阶段，行动者在主观上已经抛弃了维护法的精神的面具，对他人采取直接的、公开的侵害行为。而在客观方面，犯罪毫无疑问比前两种不法行为带有更大的危险性和侵害性。

关于犯罪行为的本质，黑格尔径直认为就是虚无性：

> 通过某种犯罪随便某种东西都将发生变化，事物便在这种变化中实存化；但是这种实存是它本身的对立面，因而在本身中乃是虚无的。其虚无性在于作为法的法被抛弃了。但是由于法作为绝对的东西是不可消除的，所以犯罪的实施在其本身是虚无的，而这种虚无便是犯罪所起作用的本质。②

所谓犯罪的虚无性，意指法本身受到了损害，甚至可以说完全无视法的存在。而虚无性产生的本质原因在于虽然犯罪行为可以损害

---

① [德]黑格尔：《法哲学原理》，邓安庆译，人民出版社2017年版，第168页。
② [德]黑格尔：《法哲学原理》，邓安庆译，人民出版社2017年版，第176页。

173

法，但法作为"绝对的东西"不因其损害而被消除。而法的不可消除就在于意志的自由，意志的自由也决定了法是不可被消除的。"绝对的东西"代表了某种普遍的意志，当我们谈到犯罪时，其行动对象是作为单个意志的他人，他人的法因此行动而受到了损害，但普遍的意志是不可消除的，因此，犯罪在普遍的意志面前就是虚无的。对这种虚无性的否定必须通过刑罚来实现，这种实现本质上就是法的现实性对虚无性的否定。这样看来，无论是法的现实性，还是虚无性，都根源于自由意志。这并不是黑格尔单纯的逻辑推演，而是具有极大的现实意义。我们可以通过一个实例来说明这一逻辑过程：A盗窃B的财物，财物对B而言是他的所有物，B享有法所赋予的财产权，因此，A偷窃B的财物是对B财产权的侵害。但是，财产权作为法，并不只是指代B个人的财产权，而是首先代表普遍意志本身，也就是说，财产权首先是作为普遍的法出现的，然后才出现了属于特定对象的法。就此而言，财产权本身是无法消除的，A对B的侵害无法消除财产权本身。这样对A来说，A的犯罪行为就具有了虚无性。而刑罚的目的就是对此虚无性进行否定，从而恢复法的本来面貌。

由于犯罪的虚无性根源于自由意志，刑罚的对象也因此只能是人，并且只能是具有自由意志的人。"作为有生命的东西，人诚然是有可能被强制的。"[1] 自由意志的人不仅对自己的行动有清晰的认识，无论是故意、放任或疏忽大意，而且对自己行动的后果和意义也有明确的看法。这就意味着，个人自由的行动使个人有能力承担行动所带来的后果。纵使个人无法辨别自己的行动是否违法，也不能阻碍法对

---

[1] [德]黑格尔：《法哲学原理》，邓安庆译，人民出版社2017年版，第168页。

其行动的限制，也依然有责任承担法律后果。黑格尔接下来说："他的身体和通常的外在方面都可能被置于他人的暴力之下，但自由的意志自在自为地不可能被强制的。"①对行动的限制不能加置于个人的意志之上，而只能是人的身体或财产等。

对他人自由意志的完全占有在历史上主要体现在具有主奴结构的奴隶制中。主人不仅拥有参与劳动的奴隶的身体，还要求奴隶绝对听从主人的命令。但在奴隶制被定为非法的现代社会中，妄图从身体和精神双重控制他人似乎已变得不可能。由于财产是个人自由意志的现实化形式，因此控制或攻击个人意志的唯一办法就是对个人财产使用强制或暴力，这里的个人财产包括个人的身体、金钱、劳动产品和技能，等等。但是，强制或暴力"在它的概念中就自己直接地摧毁了自身"②，它是自相矛盾的。一个人在侵犯另一个人的财产时，也就意味着侵犯了他人的自由意志，然而此人作为同样拥有自由意志的个体，必定不会允许自己的财产被侵犯。这样一来，强制或暴力虽然是自由意志的表达，但它却旨在摧毁另一个自由意志。这就与理性自身的基本要求相违背。

当发生了强制或暴力的时候，有必要对这种不公正的强制或暴力作出回应，这就是"第二种强制"。所有"第二种强制"发生的缘由都是由于不公正强制的发生，它是对不公正强制的后续回应手段。正是因为暴力的产生，才有"第二种强制"发生的必然性，"个人暴力是建立在自身利益和无视他人权利和自由的基础上的；刑事司法建立

---

① ［德］黑格尔：《法哲学原理》，邓安庆译，人民出版社2017年版，第168页。
② ［德］黑格尔：《法哲学原理》，邓安庆译，人民出版社2017年版，第169页。

在创造权利和自由的责任之上。"① 黑格尔在这里澄清了需要实施"第二种强制"的特殊情况，这就是对野蛮和未开化的自然状态所施加的强制。这种情况看似是第一种强制，实则不然。自然未成为理性现实化时，仍然受制于欲望的驱动，这在黑格尔看来本质上就是暴力或强制的，因此，扭转这种"一切人反对一切人"的自然状态，就需要"第二种强制"，将理性和自由加之于上。

黑格尔在抽象法中进行分析的逻辑起点是具有人格的独立的个人，这种个人具有无限的和普遍的意志，为了在自由的条件下实现个人的法权，个人就必须遵守"不得伤害他人或从人格中所产生的东西"这一规范性命令，此命令是以禁令的形式表达的消极的规范性法则。

抽象法是通过财产、契约和犯罪三个环节逐步实现的。其中，私有财产起源于个人的占有，占有所形成的所有关系一方面对现实的物进行了改造，赋予物以个人的精神要素；另一方面实现了人的自由，使其人格外化为财产并为个人所拥有。这种人对物的占有也暗含着人与人之间的关系，那就是对财产的占有包含着对他人的承认。基于承认之上的社会关系就构成了契约。人与人在契约内的关系体现的是一个意志与另一个意志之间的关系。在契约中，占有形式下的个人意志开始上升为个人与他人的共同意志。也就是说，契约的实现是通过更高的同一性的实现来完成的。一方面，契约中出现的共同意志保证了个人意志的实现，个人通过契约完成了所有权的转让；另一方面，共同意志自身也得以实现，基于相互承认之上的财产关系使人们纳入一

---

① Stephen Riley, "Hegel and the Normative Foundations of Criminal Justice", *Spire Journal of Law, Politics and Societies*, Vol.6, No.1 (2013).

个相互关联的社会之网中。但是，契约的产生也蕴含着破坏契约行为的可能性，这就是犯罪。犯罪行为的本质就是虚无性，也就是说，法具有客观性，不能因其损害而被消除。对于虚无性的否定只有通过刑罚才得以实现，这种否定本质上是现实性对虚无性的否定。

第 五 章
道德行动与良知

按照一般的理解,道德是人们共同生活的一种行为准则或行动规范。当我们说某人是一个道德之人时,就意味着他的行动符合大众关于德行的基本认知。但是黑格尔所说的"道德的立场"似乎更多的是权利关系的一种形式,他更加关心的是人的权利和义务问题,也就是说,黑格尔只是在有关权利的范围内来处理道德的问题,以此考察道德在尊重和保护个人权利中所起的作用。道德中的意图和良心作为自由意志的现实化,必须在人的权利问题上扮演一定的角色。但是,道德与抽象法一样,仍然是一种抽象的权利,"道德主体在某种意义上既是自我规定的,也受制于超越他或她自身的实践因素"[1],它依然要在伦理世界中才能真正实现。

从抽象法到道德的过渡是通过"强制和犯罪"这一环节实现的。契约中的共同意志具有相当大的偶然性,它的实现主要取决于个人意志是否能够遵守契约。在"人们应当遵守契约"这样的表述中,已经包含了契约被撕毁或废弃的可能性。此时的应当暗含了差异和偶然。

---

[1] David Baumeister, "Social Conceptions of Moral Agency in Hegel and Sellars", *International Journal of Philosophical Studies*, Vol.25, No.2 (2017).

这一过渡包含两个步骤：首先，在犯罪中，共同意志与个人的特殊意志出现了冲突，这意味着对抽象法的否定；其次，通过复仇或惩罚，犯罪行为被制止，意志自身克服了共同意志和个人意志的分裂，这种保护财产不受侵害的实践行为被证明是现实有效的。由于复仇或惩罚实际上是对意志的规定，这种规定也是个人意志对共同意志的规定，通过这种规定，抽象法的结构内部揭示出了个人意志有权否定共同意志对自己的不公正行为。

因此，抽象法中的人格已经成为了意志的对象，此时作为无限自由主体的道德就出现了。这样一来，道德的范围事实上限于自由意志中的单一意志。我们可以看到，在道德出现之时，还没有考虑好或坏的生活的问题。黑格尔对于"道德"概念是作为个人权利的再实现引入的，因此它属于黑格尔整个法权学说的一部分，道德本身就是一项权利，道德的原则也就被视为一项权利的原则。

第一节　黑格尔道德概念的发展

黑格尔道德观点的形成经过了一个长期的发展过程。事实上，黑格尔在青年时代进入哲学思考伊始，就对道德问题进行了深入思考。在伯尔尼和法兰克福时期，黑格尔主要在宗教的框架内思考道德问题，并借助于康德哲学来表达自己的道德观。在《精神现象学》中，黑格尔将道德置于伦理之上，力图解决个人与社会的利益和情感纠纷，实现个人与社会的和谐。只有到了《法哲学原理》，黑格尔才正式将道德定位为"应当"实现的阶段，在它之上还有伦理世界。

一、从伯尔尼到法兰克福

早期黑格尔更多关注的是宗教问题，他试图运用康德在《实践理性批判》中的道德学说来批判被视为客观宗教的基督教，并将其改造为渗透理性与自由精神的主观宗教。这一思想主要体现在黑格尔在伯尔尼撰写的《民族宗教与基督教》(*Fragmente über Volksreligion und Christentum*)、《基督教的实定性》(*Die Positivität der christlichen Religion*) 等手稿中。黑格尔赞赏古希腊时期的宗教精神，这种宗教能够培养希腊人自由的政治品格，它培养了希腊人内心中对道德的热爱，也能够培养对城邦活动的发自内心的认同情感，这就是一种民族宗教，它能够在人的自然本性中培养一种与之相适应的理性规范。这种民族宗教自然就培养起了一种民族精神，并形成了基于共同内在目的的共同体。而耶稣发起的基督教是一种主要关注个人内心，并将道德置于彼岸的宗教，它无法对世俗和社会秩序产生积极的作用，这在黑格尔看来就是一种客观宗教。所谓客观宗教，也叫做实定宗教，指的是其内容以独断或教条形式表现出来的宗教，黑格尔将此暗指现存的一切宗教，这些宗教形式虽然在历史上曾发挥过积极的作用，但在丧失具体历史情景后已转变为与现实生活脱节的宗教，对民众失去了情感和道德的约束。这样的宗教在黑格尔看来绝不是真正的宗教，只是供人们批判和研究的神学而已，真正的宗教只能采取主观宗教的形式，这种宗教能够渗透到人的心灵和情感中，并对人的道德和行动产生现实作用。"主观宗教是活生生的，在人的内心本质起作用，在他的外部活动有影响。"[①] 作

---

① Hegel, *Georg Wilhelm Friedrich Hegel Werke 1*, Berlin: Suhrkamp Verlag, 1970, S.14.

第五章　道德行动与良知

为"活生生"的宗教，主观宗教恢复了人的内在统一性，它引导人们遵从理性的法则行动，并在自由中寻找生活的规范。与康德的理想一致，黑格尔认为主观宗教能够促进人的道德，其作用在于借助于神的观念激发人的道德动力，并为公众确立至高至善的伦理目标。因此，伯尔尼时期的黑格尔几乎完全接受了康德的道德哲学，并通过区分客观宗教和主观宗教来试图将基督教改造为与理性和自由相适应的道德宗教。

　　1796年，黑格尔在荷尔德林的帮助下来到法兰克福担任家庭教师，这一时期是黑格尔开始摆脱康德哲学的影响，是形成自己哲学观的重要时期。黑格尔这一时期的思想主要体现在《基督教的精神及其命运》(*Der Geist des Christentums und sein Schicksal*) 一文中。这篇论文使黑格尔认清了康德道德哲学的形式主义特征，这一特征使康德道德哲学与客观宗教具有某种程度的相似性。康德仅仅确认了道德法则是一种理性事实，没有推演出哪些规范可以称得上是道德法则，因而康德事实上忽略了不同历史情境下的道德规范，使道德法则的存在空有一个抽象的名称，没有具体的内容。就此而言，康德的道德哲学与客观宗教在本质上是一样的，区别仅仅在于客观宗教的神或规范的制定者在社会的彼岸，而康德则把道德规范囿于个人内心之中。这样一来，判断一种道德学说或宗教是否是客观的或实定的就不再是简单地以是否具有道德和非道德为标准了，而是看理性是否自身具有现实性。此外，按照康德的道德学说，理性的自我规定来自作为立法者的主体，但主体的立法效力必须合乎理性法则，这就是说，主体的自我立法活动必须以主体符合某个理性法则为前提，因而就必然存在着高于主体的立法者，这就产生了矛盾。出于以上原因，黑格尔开始了对

"道德"概念的批判。

道德的目标在于成就好或善,但由于道德出自道德法则,因此它并不考虑感性的因素,这就造成了感性和理性之间的分离,个人的情感无法在道德层面得到保障和疏导。在这种情况下,黑格尔认为道德无法实现自己的目标,也就是说,道德仅靠自身不能实现善。由于道德只要求我们遵守道德法则制定的规范,而忽视情感因素不能使人的幸福得到全面的体现。此时,黑格尔试图找到一个能够弥合感性与理性分裂的单一的原则,这就是爱。爱体现了一种差异中的同一性,使普遍之物可以表现于特殊之中。"爱既不限制他物,也不为他物所限制,它绝不是有限的东西。爱是一种情感,但它不是一个个别的情感。"[①]爱能够消融一切对立物中的异己的因素,因此在爱中既可以感受到自身不同情感的差异,又可以在差异中体会到它们的原初同一,爱成为感性和理性的统一。同时,爱使世间万物构成了一个统一的生命体,每一物都能在这个生命体中保持自身的独立性,并受到生命体的特殊规定,又能够反映出这个生命体本身。爱所具有的这种差异中的同一性使人真正地获得善。但爱毕竟是一种难以名状的体验,这也是日后黑格尔放弃将爱作为连接感性和理性的原因。

二、耶拿时期"道德"概念的发展

在法兰克福四年的家庭教师生活结束后,黑格尔来到耶拿,帮助谢林宣传绝对理念论的理论。正是在《费希特与谢林哲学体系的差异》

---

① Hegel, *Georg Wilhelm Friedrich Hegel Werke 1*, Berlin: Suhrkamp Verlag, 1970, p.245.

第五章 道德行动与良知

中，黑格尔通过厘清费希特和谢林在哲学上的根本分歧点，逐渐抛弃了以爱作为差异中的同一性的设想。但他仍坚守在差异中寻求同一的基本原则，此时，他认为可以在艺术作品以及个体构成的共同体中发现这种同一。到了《信仰与知识》中，黑格尔正式提出伦理生活作为形式与质料的真正的统一性，并直接与道德相对立。他坚持认为道德并不能带领人走向善，它只是一种特定的思维视角，并主要出现在康德和费希特的哲学中。这种思维视角将个人从社会中分离出去，仅仅从主体性的视角来考察社会，相反，伦理生活才包含了个人之间的有机联系，将社会中的个人及其各种关系构成一个相互依赖、相互作用的整体。因此，道德和伦理生活的对立在某种程度上显示了知性的立场和绝对的立场之间的对立。绝对的立场包含并能够克服知性的立场，也就是说，道德必须被包含在伦理生活中。

早期黑格尔思考的结果最终汇集到《精神现象学》一书中。关于道德的内容主要集中在该书的第六章。奇怪的是，此时黑格尔将道德置于伦理生活之上，这体现在第六章开始于对古典伦理生活的评述，并以"道德世界观"结束。虽然黑格尔已经提出伦理生活作为与道德相对立的视角，但还未能完整且准确地界定两者的具体内涵。此时的伦理生活是以古希腊时期的生活为原型的。在这种社会中，作为个体的自我与社会能够和谐相处，主要原因是个人意识与社会意识还是混杂在一起的，主体性并没有独立于社会之外，世界以此处于和谐有序的状态之中。但是在这种和谐的伦理生活中潜藏着个人与社会的冲突，具体表现为人的法则与神的法则的冲突。人的法则意指超越于个体之上的，由社会共同体所指定的支配国家的法则，而神的法则来源于依靠血亲或共同祖先的支配家庭的法则。个人在社会中的行动同时受到人的法则和神的法则的制约，并且无论哪种法则都是现实有效和合理的，两种法则就在个人的行动中形成了一种张力。但个人的行动不断挑战两种法则的对立，并将最终打破个人与社会的和谐状态，这样一来，古希腊式的伦理生活只能走向消亡。在失去了超越个人的规范性制约的情况下，主体性开始发挥作用，个人本身开始具有独立的意义，抽象的、孤立的个人取代了伦理精神。这就自然过渡到了法权状态。在法权状态中，原子式的个人在丧失了伦理法则后只有依靠法律等形式来确保自己的利益不受损害，但法律规范的出现必然有制定法律的社会或国家，这样一来，一方面是原子式的缺乏伦理精神的个人，另一方面是具有法律规范权威的社会或国家，因此，法权状态依然存在着个体与社会之间的冲突，只不过此时的个人已经是觉醒的独立个体。

即便黑格尔在《精神现象学》中将道德置于伦理之上，但黑格尔的主要理论目的在于解决个人与社会的利益和情感纠纷，实现个人与社会的和谐，在这个意义上，我们可以说，黑格尔依然意图超越法哲学中所谈论的"道德的立场"。

三、《法哲学原理》中的道德和伦理

黑格尔在《精神现象学》中的论证逻辑遵循的是意识自身的经验发展，而《法哲学原理》展示的则是自由意志的现实化过程。在《法哲学原理》中关于道德与伦理的关系上，道德只是法的现实化的一个抽象的环节，最终要到伦理生活中才能实现自身，因此，伦理生活高于道德。

抽象法中无论是契约还是犯罪，都存在着个体意志与共同意志的关系，此时意志的现实化主要在作为外部世界的财产中，到了道德阶段，意志主要表现为内在的主体性的东西。这就是**主体性原则**。这一原则使我们不仅有权利和义务占有外部财产，也有权利和义务拥有自己的行为、规划自己的行动。作为自由意志的存在者，其行动不是因为生命的原始冲动或机械的原因，而是有权利决定自己的行动。黑格尔把主体性原则作为区分现代世界和古代世界的主要特征，他虽然赞赏柏拉图在《理想国》中所描绘的个人与社会的和谐生活，但里面缺乏主体性原则，因而不能真正解决个人与社会隐藏的冲突与矛盾。只有到了路德改革以后，主体性原则才在理论和实践中被确立下来。

抽象法的满足是通过占有外部财产实现的，但是道德的实现不在于我占有财产的程度和多寡，而是自己的财产是否得到了他人的尊重和承认。由于意图、动机等都归属于主体自身，因此道德的善的实现也取决于主体自身。此外，抽象法的权利只是禁止性的，无法表达积极的权利观念，而道德主体必须根据自己的目标和意愿采取行动，这就是一种积极的权利观念。这样一来，我们可以将道德理解为一种法。主体有权利根据自己的意图、动机等行动，这种自我规定也就要求主体承担如此行动的后果和责任。相比于抽象法，道德也同样具有一条规范的原则，那就是"尊重他人作为主体"。主体必须承认或尊重另一个主体的行动是由它自己的意图或动机完成的。从另一个角度看，主体也必须不能责备或惩罚不由自己的意图或动机完成的行动。主体的权利由此与责任问题联系在一起。因此，黑格尔说，"意志，仅当它是它自身的某种东西，而且它自身在其中是作为某种主观的东西，才得到承认并且是某种东西。"①

但是，道德依然是抽象和和有限的：

> 由于这种形式起初在单个意志中这样出现的时候，还未被设定为与意志的概念相同一，所以道德立场是关系的立场、应然的立场或要求的立场。②

这就意味着，道德虽然具有主体性原则能够自我规定自己的意图和意愿，但主体性原则所意欲的东西还未在现实中实现，因此，它还处于"应当"实现的阶段。在意志和实现了的意志之间还存在差异，这种差异只有到伦理阶段才能完全抹平，从而实现主体意志及其概念的同一性。因此，从道德到伦理就是意志不断抹平差异，实现自身的过程。

第二节　道德义务和道德主体

黑格尔在《法哲学原理》中关于道德的论说给我们留下了这样一个印象：它没有教给我们自己应该如何变得更有道德，也没有阐发如何才能成为一个有道德的人，更没有展示出什么才是一种道德的表现及行动。这似乎是对的，因为黑格尔在这里不关心在一个道德衰落的时代如何重建道德社会的问题，而这一问题是大多数哲学家所力图实

---

① [德] 黑格尔：《法哲学原理》，邓安庆译，人民出版社 2017 年版，第 197 页。
② [德] 黑格尔：《法哲学原理》，邓安庆译，人民出版社 2017 年版，第 198 页。

第五章　道德行动与良知

现的目标。柏拉图生活在城邦制度瓦解之时，他旗帜鲜明地继承其师苏格拉底研究人世的志向，在他的时代反对智者们扰乱道德观念的做法，力图在世间重新建立新的秩序。斯多葛学派所生活的是一个缺乏共同道德认可的所谓的世界主义的时代，他们主张返归内心，用个人道德和智慧完善自身，保持生活宁静。因此，无论是柏拉图，还是斯多葛学派，都试图重建道德秩序，促使个人走向善，促使世间重建秩序。与这些哲学家不同，我们在黑格尔那里似乎并没有发现明显的类似主张。他更关心的是道德的权利问题，而并非道德的现象问题，或者说黑格尔更多的是在讨论权利和责任，而非一般意义上的道德。这与他把道德作为法之实现的一个环节的说法是相一致的。道德权利不同于抽象法中的财产权，它是主体内部的权利，旨在说明个人道德意志在实现过程中应当承担什么权利和义务。

黑格尔认为在道德探讨中最重要的是其主体性原则，所谓主体性原则指的是任何一个主体（人）都有能力并有权利意志某事的原则，用黑格尔的话来说，这一原则事实上构成了"寻求自我满足"的"主观自由的法权"[1]。如此一来，抽象法赋予我们拥有外部财产的权利，而主体性原则使我们有权利和责任作出自己的行动。正是这种自主行动的权利，使我们得以作出区别于机械活动的自由行动，这种自由活动反过来又要求我们能够对自己的行动负责。黑格尔极为重视主体性原则，他在多个场合都指出此原则是现代社会的一项根本原则，并认为它恰当地充当了"古代和现代之区分的转折点和中心点"[2]。黑格尔

---

[1] ［德］黑格尔：《法哲学原理》，邓安庆译，人民出版社2017年版，第198页。
[2] ［德］黑格尔：《法哲学原理》，邓安庆译，人民出版社2017年版，第198页。

甚至以此原则划定了他对西方历史发展的基本态度。古希腊世界虽然实现了人与世界的和解，但却缺乏个体的主体性，因而个人的自由是无法得以实现的，基督教首次揭示了这一原则，直到几个世纪后的路德改革时期，主体性原则才真正成为新世界的普遍的现实原则，但此时还只是处于意识之中，真正在政治上实现它要等到法国大革命之后。在这个意义上，我们也就能理解为什么黑格尔把古代至路德改革这一时期称为黑暗时代。此外，现代世界相比于古代世界的和谐状态最为突出的一点就是主体性原则的实现，缺乏主体性原则的古代世界更像是一种极权主义，只有在古代世界这一"实体"中渗透进"主体"这一因素，才能达到确保个人自由的现代世界。这尤其体现在对行动原因的探究上。近代以来，当我们询问某个行动的原因和缘起时，总是要追溯到实施该行动的主体的内在动机上来：他内心出于什么欲求来如此行动？而在古代，对行动原因的说明不会求助于行动者的主观东西，而是看这个人是否正派，是否具有高尚的品德以及是否值得信赖。近代寻求内心根据的做法表明了在行动的客观方面和主观动机方面的断裂，而道德正是站在主体性的立场上对法权进行考察。

抽象法权关注的是外在于自身的财产，人们有权占有财产并要求他人不得侵犯属于自己的财产。在此意义上形成了关于人格的概念，但是这种权利仅仅是消极的或禁止性的，它关注的是占有财产的形式方面，而财产或契约的内容和具体规定与此毫不相关。因此，我们在一定程度上可以把抽象法权称为"外在于自身"的形式权利。道德不再关注外部的财产权，而是反观意志本身，探寻道德主体如何行动才能达到某种目的。个人不仅希望能够保有合法的外部财产，还希望探究自己为保有财产所作行动的意志根源，在这个意义上，道德之所以比抽象法权高出一个层次，乃是因为道德意在探究财产本身得到尊重的原因，而非仅仅停留在通过由占有所导致的外在的主体间关系。与抽象法权中外在意志的财产相比，道德中的意志关心的是作为意志的意志，即意志本身。因此，道德阶段所要解决的第一个问题是：我能够凭借意志做什么？或者说，我应当凭借意志做什么？

道德确认了主体的单一意志，这种单一意志能够规定自己的意志，同时，除了单一意志之外，还存在着其他的单一意志，这就是普遍意志，因此，单一意志还需要通过自己的规定性处理与其他单一意志（或普遍意志）的关系。单一意志主要表现为个体特定的欲望和需求，它必然会与普遍意志发生冲突。因此，在道德这一阶段，黑格尔主要解决的另一个问题是：作为特定欲求的单一意志与普遍意志之间的关系，也即是说，单一意志如何能够与普遍意志相统一。此处所指的普遍意志可以理解为个体所由之生活于其中的伦理共同体。在这一背景下，我们事实上要问的是，我在多大程度或多大范围内可以宣称自己是自由的和可负责的？

黑格尔在对道德中依然引入了形式与内容的分析方法，自由意志得以可能的前提就是主体性的存在，主体性只是形式的，它不产生任何特定的意志上的内容。就此而言，主体意志只是"抽象的、有限的、形式的"①。由于不能给予任何特定的内容，它就只能作出形式上的分析，因而道德的立场就是"关系的立场、应然的立场或要求的立场"②。这就说明，在黑格尔的意义上，作出一个道德上的说明，就只

---

① ［德］黑格尔：《法哲学原理》，邓安庆译，人民出版社2017年版，第198页。
② ［德］黑格尔：《法哲学原理》，邓安庆译，人民出版社2017年版，第198页。

是给出一个应当如何去做的形式规则。可以说，道德在黑格尔那里依然处于一个抽象的阶段，它不能直接地展现于现实世界之中。这也就佐证了，任何关于具体的道德现象问题都不应当期待在这一阶段得到解决，其答案只能在伦理生活中寻找。这进一步证明了，黑格尔在《法哲学原理》所谈论的道德只能是一种法权。而道德中的主体性就是一种法，黑格尔就此直截了当地说："道德的立场，从它的形态上看，所以就是主观意志的法。"① 佩佩尔扎克在这里看到了黑格尔在抽象法权中说过类似的话。在抽象法权中，其规范性要求是"成为一个人，并尊敬他人为人"，而到了道德阶段，这项要求可以是"成为一个主体，并尊重他人为主体"②。这句话同样包含两个方面，从积极的方面来看，它要求必须尊重其他的主体，亦即承认他人的行动是由主体的自由意志造成的。从消极的方面看，其规范性要求是不得责难并非由主体的自由意志造成的行动。这就不能将此标准适用于缺乏自由意志的主体和孩童，他们的意志更多的体现的是意志的自然规定，其行动更多的是受到欲望的影响，"在无意识状态下进行的行动都不是可为之负责的行动"③，因此，他们无法在自己的行动中体现出他们的自由意志。

黑格尔依然强调了道德的规范要求的消极立场，并主要考察了以下几个问题：

---

① [德] 黑格尔：《法哲学原理》，邓安庆译，人民出版社 2017 年版，第 197 页。
② Adriaant T.Peperzak, *Modern Freedom: Hegel's Legal, Moral, and Political Philosophy*, New YorkSpringer, 2001, p.331.
③ Ozoigbo Bonaventure Ikechukwu, "Hegel and moral responsibility, *International Journal of History and Philosophical Research*", Vol.5, No.2（2007）.

第五章　道德行动与良知

第一,一个事件的发生是多种原因合力造成的,不仅包含事件参与者的主观因素,还有事情发生所处在的具体情境、条件等。黑格尔认为,任何一个因素都要对事件的发生或结果承担责任,随后,黑格尔作出了一个似乎有些模糊的区分,一方面,在形式上,凡是处于主观意志故意的事情,其责任都可归之于这个主体。这条简单的规则在原则上为我们评价某人是否应当对某事负责任提供了依据,但如上所说,我们很难在现实生活中认定某人应对他所参与的事情负多大的责任,因此在另一个方面,黑格尔又认为"我对某事负有责任,尚不等于说,这件事可归罪于我"①。这样一来,黑格尔把"负有责任"和"可归罪化"区分开来,对某事负有责任并不等于在刑罚上的可谴责性,关键还要看他的行为是否在事件的发生之时起到主要的作用。

第二,关于主体的责任,黑格尔在此给我们的回答似乎仅限于一般原则上的做法,那就是当你明确知道你的行动出自自己的意志,并对他人的财产或生命造成了损害时,你就有责任去承担你的行动所带来的后果。因为正是由于你的意志造成了如此的结果。反过来也可以说,"我只对我的故意行为负有道德责任,而不是对我行为中可能被视为违反法律和习俗的一切负责。"②黑格尔还讨论了一种特殊的情况,一个属于我的所有物,并非出于我的故意而对他人造成了损害。这种情况下,我依然应当对这种损害负责。原因在于,这个物的所有者是我,而物体现的是人与人之间的关系,其自身必然处于不同的社会关系之中,因此,物对他人的损害必须由所有者承担责任。例如,

---

① [德]黑格尔:《法哲学原理》,邓安庆译,人民出版社2017年版,第116页。
② Mark Alznauer, "Hegel on Legal and Moral Responsibility", *Inquiry*, Vol.51, No.4 (2008).

我所喂养的狗在我没有控制的情况下，伤害了他人，但由于我对狗的行动有支配和监督的义务，因此狗伤害他人在理论上等同于我伤害了他人，因此我要为此承担一定的责任。

第三，由于世界是紧密相连的一个整体，世界中的任何存在物都处于相互联系之中，并且顺着一条联系的锁链我们可以到达任何存在物，这就意味着在一个存在物受到影响的情况下，必然有与之相联系的无数存在物也会发生改变。或者说，当我对一个存在物作出行动时，必然会影响到无数存在物的发展。我们就此可以把这些无数存在物的改变视为是我的行动的后果，但是，黑格尔认为我们只需对我们最初造成的后果负责，因为只有最初的后果才是包含在我的意志的故意之中，其他无数存在物的发展是我所不能预见到的，否则就会导致我需要对整个世界的发展负责的情况。

第四，无论是对事件承担多大责任的探讨，还是对所有物或意志造成最初后果负责的讨论，都显示了黑格尔在道德中探讨责任的一个根本原则："行动只有作为意志的过错才能归责。"[①] 这条原则亦是主体性原则的根本体现。它规定了主体为事件或物负责的范围或程度。这样的结论是我们不乐意见到的，因为这条原则还要求我们在具体的情境中发挥实践的智慧，找到主体所负责任的范围或程度。而这条不能为我们判断具体事件的原则恰恰来源于道德立场的本性：道德立场是一个有限的或应当的立场，它最终只能带来形式上的判断。这也就是说，它预先设定了某些规则，而它所面对或要处理的是对主体来说偶然给予的特定内容。在黑格尔看来，只有在绝对的立场之上所产生

---

① ［德］黑格尔：《法哲学原理》，邓安庆译，人民出版社 2017 年版，第 209 页。

的必然的东西，才是需要对它完全负责的。而在道德的主体原则下，所需负责的条件必然会有一个限度，这是道德的立场所决定的。

虽然被给予特定内容的与形式的道德法则并不具有必然的联系，但是黑格尔依然对两者的关系进行了一般性的分析。我的意图就是我的目的，它构成了被给予的特定内容，这些特定的内容对我来说不过是满足我的意图的手段。这样一来，任何一个被给予的特定内容都具有了两方面的意义，故意的普遍性与意图的特殊性。由于这些内容都来自于我的意图，它们都是出自我的意图的故意行为，因而具有故意的普遍性；同样它们由于具有不同的内容，表现了满足我的意图的不同手段，因而也具有意图的特殊性。这些对主体的满足对于主体自身而言，事实上就是福（Wohl）或幸福（Glückseligkeit）。因此，我的意图所导致的行动都是为了幸福这个最终的主观目的。黑格尔举了杀人这个极端化的例子来说明这一点。杀人者并不是为了杀人而杀人，他必然还具备其他的目的，无论是为了肉体消灭对方，还是好杀成性，最终都是出于自己的幸福。在此，黑格尔接受了亚里士多德和康德对于幸福的论说，个人意志确定其内容或对象是出自欲望、意见等自然的主观规定，而这些自然规定必然会陷入相互冲突之中，为了协调这些冲突，只有确立一个这些自然规定共同认可的东西才能实现，这就是幸福。以幸福的名义就可以把陷入冲突之中的各种自然规定协调为一个连贯的统一体。但是，黑格尔并不贬低出于意志的自然规定而作出的行动，他认为，出于欲望或情感的行动是人应当具有的权利，人是自然存在者并不与人是理性存在者始终处于冲突之中，这一事实完全是合乎理性的，人的欲望或情感亦是可以被纳入理性之中或被理性所认识的。黑格尔对出于自然规定追求幸福的做法之所以持批判态度,仅仅在于它还处于一个较低的阶段,"只要幸福的种种规定是随意而遇的,它们就不是自由的真实规定,自由只有在其自身目的中,即在善中,才对自身是真实的。"① 这就预示着对道德的探究不能停留在幸福上,而要在善中实现道德的权利。而善并不是存在于个人利益之外的抽象内容,它无非是"这些利益的理性和有机的结构"②。

在进入对善的讨论之前,我们还需注意到黑格尔对抽象法与幸福的关系的论述。如果说抽象法权包含作为抽象人格和财产的权利,那么在道德中,个人就具有追求幸福的权利,幸福因而成为所有个体的目的和权利。在这一阶段,个人所追求的幸福还没有涉及伦理生活,还不能要求家庭、市民社会甚至国家提供某种保障来实现自己的幸福。因此,在抽象法权和道德之间存在着某种矛盾和冲突:对外部权利的占有与对幸福的追求是矛盾的,只有对前者无限欲求的实现才能更好地实现自己的幸福。抽象法和道德在黑格尔看来都是实现自由的必要基础,两者都是个人应当持有的权利。在两者的关系上,黑格尔似乎更加注重抽象法的基础性地位,"只有当我是一个自由者是才是一种权利"③,没有对财产的占有就无法谈论自由,而道德只是为了更好地实现自由。黑格尔主张决不能凭借道德意图的借口侵犯个体的抽象法权,即使是由对幸福的动机所驱动,也不能证明对他人合法财产的侵犯是正当的。但是,黑格尔又认为对幸福的追求中有一个领域占有绝对优先的位置,那就是对生命权的认可和承认。在生命与他人合法权

---

① [德]黑格尔:《法哲学原理》,邓安庆译,人民出版社 2017 年版,第 224—225 页。

② Charlotte Baumann, "Hegel and Marx on Individuality and the Universal Good", *Hegel Bulletin*, Vol.39, No.1 (2016).

③ [德]黑格尔:《法哲学原理》,邓安庆译,人民出版社 2017 年版,第 229 页。

利陷入冲突时，存在一种紧急避难的权利，使其可以为了生命而损害他人。① 无限的生命权优先于任何个人有限的财产权。也正是由于紧急避难权的存在，使我们可以认识到，无论是追求抽象法权，还是实现幸福权，都有一定的偶然性。黑格尔认为，只有在善之中才能实现两者的和谐。

第三节　良知规范和伪善

对善的追求是从对幸福的追求发展而来的，善由此可视为以前所有发展阶段的总结，但也是后来发展的基础。黑格尔用"世界的绝对终极目的"②来形容善，善是完美的，没有任何缺陷，它以应其所是的形态展示自身。善作为实现了的自由，已经与处于抽象法阶段的所有权或契约具有本质上的区别。善就是这样一种摆脱抽象法权内所具有偶然性的概念，从而在现实生活开始实现自由。这种能够在现实中实现自由的客观现实性来自于善自身的规定性，即它是法与福利的统一。这就意味着，善的实现不仅是法权精神或自由精神的内在逻辑演进的结果，还需要丰富的物质生活为此提供保障，两者构成一个不可分割的统一体，无论是缺乏法权精神或自由精神，抑或是缺乏物质条

---

① 黑格尔似乎并没有很好地解释生命权的地位，一方面，他把维持生命视为追求幸福的必要手段之一，生命由此是幸福权的一部分；另一方面，黑格尔在抽象法中也有关于生命权的大量论述，在那里，似乎把生命权归结为一种抽象法权。但是，无论生命权是一种道德权利，还是一种抽象法权，在黑格尔看来都是个人维护自由的最基本或最低的保障。
② [德] 黑格尔：《法哲学原理》，邓安庆译，人民出版社 2017 年版，第 236 页。

件,我们都不能说这是善的。此外,这一福利并不是个人所拥有的私有福利,它只能是全体社会成员普遍的福利,"福在这一理念中不具有自为的作为单一的特殊意志之定在的有效性,而只是作为普遍的福和本质上作为普遍自在的、即根据自有存在的东西,才有有效性。"①但是,还需注意的是,这一普遍的福利本身需要凭借个人福利表现出来,个人福利的实现实际上也在实现着普遍福利。这也就是说,个人主观上的意愿或欲望只有符合普遍意志的时候才是善的,才能获得必然性,从而是被他人所认可和现实有效的,个人偶然的善不能成为合理行动的理由。

为了实现善,必定会对个体的主观意志有所规定,这种规定性就是义务,义务由此就是作为客观性的善的要求。在"幸福"这个阶段,个人一方面仅仅在于满足自己的意愿或欲望,另一方面也没有规则使个人在不同的意愿与欲望之间进行抉择,但无论处于什么境地,对幸福的追求都只是为了实现利己主义的快乐。只有到了"善"这一阶段,出现了客观的善与主观的权利和幸福之间的关系问题,"义务"这一概念才能在这里产生。这也就意味着,实现善的途径就是通过个人的义务。因此,主观意志实现义务就是在实现自己的客观性,当我们对这些义务有所把握时,我们才是自由的。这是因为善是自由的,而义务无非是善的要求。依黑格尔所言,义务的第一原则是"做公正的事,并为了福"②,这个第一原则是义务的具体内容,但也是一个最抽象的内容。当我作出行动时,总是面临着各种具体的情况,我的行为是包

---

① [德]黑格尔:《法哲学原理》,邓安庆译,人民出版社 2017 年版,第 236 页。
② [德]黑格尔:《法哲学原理》,邓安庆译,人民出版社 2017 年版,第 243 页。

第五章 道德行动与良知

含各种特定目的和特定内容的。当这种形式上的自我同一失去了特殊的规定性就等于失去了生命力的道德原则时，它只能满足于自我抽象的形式而不能有所作为。道德必须摆脱抽象性与形式化，具有具体规定性。更为严重的是，形式的义务还可能为各种不法的行为和不道德行为辩解。以杀人为例，个人的私人杀戮和在法律下合法的处决人的生命是不能混为一谈的，两种行为都是杀人，却有着本质的区别。因此，这样的义务只会导致善恶兼蓄的虚假义务。就此而言，义务所追寻的不仅仅是形式上的东西，更重要的是对义务进行具体规定。

当善为我自觉认识并存在于我心中之时，善的这种抽象性就过渡到特殊的主观性，这一主观性本身达到了在自我反思中的普遍性，这就是良知。良知的形成不仅是善的普遍性向自我主观性的过渡，更是个别自在的主观性向普遍性的过渡。"自由意志理念的这个特殊化过程，即是善在我心中的过程。"[1]这两个过渡体现了绝对精神在主观精神领域中普遍性与特殊性的统一。

良知是个体主观内部的绝对自我确信，它是自由理念对个体的规定和设定。自由理念只有通过个体的活动才能实现出来，因此良知的产生是善实现的必然阶段。良知所自我确信的善是普遍抽象的善在个体自身上的特殊存在，这样一来，作为外在和最终目的的善就成了个体自我的内在法则，它成为个体自我的自我规定，是唯一对自我具有约束作用的东西。作为行为主体客观法的善成为个体自我的内在法，善不再是外在于个体行为的客观法则，而成为一种内在规定。我心中的善就是我所认识到的权利和义务，并且是唯一合理有效的权利和义

---

[1] 高兆明：《黑格尔〈法哲学原理〉导读》，商务印书馆2010年版，第308页。

务，是我一切行动的依据和准则，除此之外，没有任何外在权威可以干涉我的行动。一切外在的特殊目的性和外部的要求，对自我确认的良知来说都是或然的，听从良知的呼唤是我行动的唯一准则，我只对我的良知负责，我为良知所规定并竭尽实现着我的良知。

在自我意识的良知的自我确信中，一切外在的权利和义务规定性都消失不见了，它只承认自我意识的内在判断。这也就是说，对行动正确与否的判断完全来自于良知本身，"当一个人愿意承认一个行动是他认为正确的行动时，确定性就实现了。"①在这种内在反思中，它认识到一切现存的东西和现成的规定都不能影响和干涉良知所赋予个体的判断，此时的良知已成为善的理念的绝对承担者。所有一切被人们普遍认可的行为，都会被指责为虚无的、偶然的东西。良知不仅可以把这一切外在权威销毁，也可以重新从自我发展出新的规则。当个体对现实生活不满时，自我意识的良知使个体有可能超越现实存在，通过内心世界重新建立善和自由。黑格尔以历史上的苏格拉底和斯多葛学派为例说明了这一点。当现实的生活将善和自由敲得粉碎的时候，个体自我只有在内心世界中才能重新获得善与自由。但是，黑格尔本身并不赞同这一做法，因为当一个社会的个体普遍诉诸个体自我的良知时，这个世界就会变成空虚的和没有价值的，它必将会导致人们都以主观任意为出发点，导致社会中主观思维的横行。这种结果必然加速社会的动荡，并不利于社会重拾善和自由。

良知将一切外在权威销毁，建立起一个无所依靠、自成依据的内在法则。这个过程是自由意志主观化的过程，是从普遍走向特殊的过

---

① Dean Moyar, *Hegel's Conscience*, Oxford: Oxford University Press, 2011, p.96.

程，如果不能实现普遍与特殊的统一，那么良知的所作所为必然走向恶。这种恶不是伦理道德意义上的恶，而是一种固守于主观性、抛弃普遍性的行为。因此，一个人是为善还是为恶取决于良知的内容本身。黑格尔认为，恶导源于意志。人具有反思性的能力，只有人才具有自由意志，因此只有人才有善恶的观念。"唯有人是善的，虽然在此限度内他也有可能是恶的。"①当自由意志执着于个别性和主观性时，就会导致恶的产生。

个体自我在良知中能认识到自己的权利和义务，这是善对自我的规定。但是当他意识到自己的良知，由于某些原因按照不同于自己良知的规定行动，但在行为中主张自己的行动是善的，这种意识到的良知和主张自己行动是善的两种行为内容是不同的时候，伪善就产生了。作为拥有自我意识的主体，在每一个目的中都必然追求善，都必然存在肯定的方面。因为目的的确立是体现现实行为的。伪善是善的否定性的样式，以否定性方式表达肯定性内容。他宣称自己对待他人的行为是善的，但经过反思发现他内心的真实意图与所宣称的言语是相反的，这种行为对别人来说就是伪善，对自己而言就是自己作为绝对者的主观性的最高限度的矫作。这种以把恶曲解为善、把善曲解为恶、善恶颠倒为特征的伪善的出现，乃是由于时代哲学流弊造成的结果。伪善只能出现在道德阶段主观性的最高峰，是哲学把高深的思想解释为肤浅的冲动的结果。

伪善是一种特殊的恶，它不能仅仅简单地说自己是恶。伪善是以善的面貌这一虚伪形式出现的恶。它不能改变自身是恶的本质。在

---

① [德]黑格尔:《法哲学原理》，邓安庆译，人民出版社2017年版，第256页。

黑格尔看来，伪善包含三个阶段。首先，伪善明确地知道何者为善。它懂得关于普遍物的知识，但不问它形式上采取什么样的手段来实现善；其次，伪善也知道何者为恶，知道这种与普遍物相对立的特殊物；最后，把上述两个环节作有意识的比较，虽然行恶却以伪善饰之。伪善能够称为恶，不仅仅只是具有恶的意识，它还必须包含以下方面：其一，伪善对善、恶具有同等的知识，仅具有恶的知识还不是伪善。如果个人只具有恶的意识而不知善为何物，那他就不会用善来伪饰自己恶的本质。其二，伪善在善恶的知识里明明知道何者为善，却一心作恶，明知道恶的意识没有存在的合理性并且不能为社会共同体所认可，却仍是选择恶。这其实不过是欺骗人的手段而已，作恶的人可以在任何场景中为自己作恶找到辩解的理由，这种可能性的根源在于个人的主观性，也就说作为抽象的否定的一切规定都出于自己。从形式上看，恶是只能属于人的，恶是个人将自己设定为主观性存在的产物，因而恶的行为应当完全由个人负责；从内容上看，人只能作为善的东西而存在，他在本质上就只能是作为精神的一般理性的东西而存在。如果将善与人分割开来，从而也就导致把恶也同人分割开来，这就致使人们不再为恶的行为负责任，无啻于对人的尊严的践踏。

　　黑格尔在道德部分的论说，并不主要是对日常的道德现象进行的研究，而是将道德更多的视为一种权利关系，这也就意味着，黑格尔试图在权利的视野中解决道德问题。在道德之上，还存在着伦理世界这一更高的法权关系。

　　道德的首要标志是其主体性原则，这一原则使我们有权作出自己的行动，这种自由的行动本身又要求我们对此行动产生的结果负责。

因此，在道德中需要解决的问题就是：我应当凭借意志做什么？这一问题关系着一个规范性的原则，即"成为一个主体，并尊重他人为主体"。一方面，它要求必须尊重其他的主体，亦即承认他人的行动是由主体的自由意志造成的；另一方面，其规范性要求是不得责难并非由主体的自由意志造成的行动。这也就要求我们只对主观上的意志过错负责，道德立场由此是一个有限的或应当的立场，它最终只能带来形式上的判断。它预先设定了某些规则，而它所面对或要处理的是对主体来说偶然给予的特定内容。

同时，由于自我可以按照自己的意志行动，自我的意图所导致的行动都是为了幸福这个最终的目的。为了实现善，必定会对个体的主观意志有所规定，这种规定性就是义务，义务由此就是作为客观性的善的要求。当善为自我自觉认识并存在于自我心中之时，善的这种抽象性就过渡到特殊的主观性，这一主观性本身达到了在自我反思中的普遍性，这就是良知。而良知将一切外在权威销毁，建立起一个无所依靠、自成依据的内在法则。而伪善是善的否定性的样式，以否定性方式表达肯定性内容。它宣称自己对待他人的行为是善的，但经过反思发现他内心的真实意图与所宣称的言语是相反的，这种行为对别人来说就是伪善。伪善的出现是道德立场发展的必然结果，这就需要超越道德立场而进入伦理世界。

第 六 章
伦理世界的规范性

　　一般而言，我们很少在康德哲学那里听到道德与伦理之间的区分，或者说，在康德哲学中，道德和伦理的区分并没有多少意义。康德将关注点主要放在"道德"概念之上，其主要目的是探求使道德产生或发挥效用的最高原则。康德道德学说的主要特色在于，所谓的道德行为并不仅仅在于作出一个道德的行动，更重要的是观察作出这一道德行动背后的动机。如果这一行动仅仅出于义务，那这个行动就是道德的，而如果是出于自利的私心而表现出一个貌似道德的行动，那么这一行动依然是不道德的。这样看来，康德对道德的评价依据的是个人内心的意愿或义务，而不仅仅是外在的符合各种伦常的行为。这种不掺杂任何功利企图的意志被康德视为真正的善。这种出于义务而行动的道德观带来的一个理论后果就是，这会使任何人的行动都不能被视作道德的。这也是黑格尔对康德道德理论的批评。一方面，康德的道德学说是一种抽象的主观自由，主体性在社会生活中占据了至高无上的地位，主体性只需满足自己而不关心外在世界。主体性的自由也就只是一种自我规定，主体性的行动不能有任何功利的考量。另一方面，这样的道德观也在事实上取消了伦理生活，对行动的评价仅仅依赖于主体性本身，伦理生活也就处于一种可有可无的状态。康德如

第六章 伦理世界的规范性

此规定道德根源于他对人的基本假设,那就是人是理性存在者,因此,康德哲学就是为所有与人一样的理性存在者立法。在这个假设下,只有不掺杂任何功利性的考量、仅仅按照主体性法则行动才能与之符合。黑格尔反对这种抽象的人性观,认为人除了是一个理性存在者之外,还是一个生物存在者,更加重要的是,黑格尔把人的生物本能纳入理性的范围之内,认为"人是生物这一事实并不是偶然的,而是合乎理性的。"① 黑格尔不承认存在一个充斥着纯然道德法则的彼岸世界,他呼吁人们在生活于其中的现实生活中追求更好的精神。这样一来,我们不能仅仅考察个人在道德上的纯粹出于义务的行动,重要的是看他的行动是否符合伦理生活。黑格尔把伦理作为行动正当与否的评价标准,原因就在于伦理生活是客观存在着的现实的实体,而道德作为纯粹主观的东西只能是伦理的一个环节,并以伦理的实现为其前提。这就是黑格尔必须以伦理作为最高实体,超越道德这一抽象环节的原因。

伦理世界是法权具体实现的世界,是人与社会各要素达成和解的世界。它所包含的社会历史世界涉及家庭、私人协会、法律制度、商业交易以及国家等伦理实体等。因此,伦理世界呈现出的就是人与伦理实体相互作用之下的社会关系网络。每个人的某种诉求和权责都能在这个社会关系网络中找到其相应的位置。个人的欲望也会受到伦理的重新塑造,"人类动物是具有自然需求和欲望的生物,但也能够作为伦理习惯化过程的结果来反思和塑造这些欲望。"② 此外,伦理世界

---

① [德]黑格尔:《法哲学原理》,邓安庆译,人民出版社 2017 年版,第 225 页。
② Nicolás García Mills, "Realizing the Good: Hegel's Critique of Kantian Morality", *European Journal of Philosophy*, Vol.26, No.1 (2018).

的整体性要求使各种诉求和权责都不是互斥的,而是可以矛盾的或者有机的共同存在。例如,我们既要行使手段维护自己的财产,又要把此手段限制在法律所要求的范围之内,前者是意志无限性的体现,后者要为这种无限性划定界限,因此,我们所呈现出的主观意志要求必然要与伦理实体的客观要求结合在一起。人生来就处于社会关系网络之中,抽象环节中的抽象法和道德,无论是人格、契约,还是道德主体对善的追求都无法实现人的具体权利,因为它们只能处于抽象的环节,并没有单独发挥作用,而必须在伦理世界中作为实现权利的一个因素才具有真实性。这种实现真实权利的伦理世界背后隐藏着黑格尔对社会与个人关系的看法,那就是社会自由优先于个人自由。个人自由必须在社会中才能得到实现。

第一节 伦理秩序

黑格尔径直把伦理称为"有生命力的善"和"第二自然":

> 伦理法是自由的理念,作为有生命的善,在自我意识中对它有知识,有意志,并通过有意识的行动具有现实性。
>
> 个人的风尚习惯,作为第二自然,取代了最初的单纯自然意志,浸润于灵魂,是伦理定在的意义和现实,是作为一个世界生机勃发的和现存着的精神。[1]

---

[1] [德]黑格尔:《法哲学原理》,邓安庆译,人民出版社2017年版,第282、291页。

所谓第二自然，就是自由的自然，它包含自由和自然两个要素。首先，伦理实体如同日月、山川、河流等自然物一样，是客观现实的存在者，对个人具有"绝对的权威和力量"[1]，个人不得不承认它们的存在，并不得不受到它们的影响。其次，与这些自然物不同的是，自然物作为偶然的存在者以外在的形式影响个人，不具有自由的精神因素，因此，第二自然作为伦理化的自然，本质上是精神的显现。作为精神显现的第二自然，其内部包含多个维度，例如存在着主观与客观、自由与必然、个体性与社会性等相互对立和作用的范畴。

由于伦理的目标也是实现善，因此第二自然也就是有生命力的善。道德时期的善还只是作为事物本质的东西，还不具有现实性，也就是说，在道德中，善只以"应当"实现的形式出现，未能将善实现出来。当这种抽象的善经过主体的实践活动之后，才会进入现实生活中。此时的善已不是先验的、仅仅作为主体活动目标且未能实现的虚空之物，而是主体切实实现自由、追求平等权利关系的现实之物。善也就变成了由精神自我推动，并作为自由个体之目的的东西。因此，有生命力的善就是拥有自由精神的伦理实体，并以此与作为主体的个体相对。伦理实体由此可以视为一个有机体，并在现实社会中主要表现为社会制度，这样一来，伦理生活中的基本内涵就是作为社会制度的实体与作为主体的个体之间的辩证关系。

伦理实体包含各种社会制度，每一种社会制度也表现了个体之间的不同社会关系。社会制度的自身存在已不停留于"应当"的层面，而是作为现实之物在伦理生活中现实地发挥着作用，因而对处于该社

---

[1] [德]黑格尔：《法哲学原理》，邓安庆译，人民出版社2017年版，第285页。

会制度之中的个体具有规范作用。社会制度如同社会网络上的节点，将处于不同位置的个体置于不同的社会关系之中，从而为个体实现自身自由提供良好的保障和现实的支持。这样看来，伦理实体体现的是个体的现实生活及其秩序。但是，社会制度一旦形成，自身便具有了能动性，这是个体在现实生活中不得不面临的实体：

> 个体存在与否，对客观的伦理秩序是无所谓的，唯有客观的伦理秩序才是用以治理个人生活的持久东西和力量。①

一方面，诸如家庭、市民社会和国家这样的伦理实体就是客观存在着的、现实中的法，拥有着规范个人生活和实现个人权利的力量。它们的存在不依赖于任何一个单独的个体。黑格尔把这样的伦理实体称之为"诸神"，个人在诸神之下的忙忙碌碌不过是"玩跷跷板的游戏罢了。"②但另一方面，这些伦理实体并不像自然物那样是完全外在的陌生之物，而是由个体在自由交往活动中所建立的。伦理实体事实上蕴藏着丰富的人类历史文化精神，它先于具体的个体而存在，这主要表现在人自出生伊始就被"抛入"伦理实体之中，个体的社会化过程就是不断适应伦理实体的过程。但是，伦理实体毕竟是由个体构成的，个体的创造性活动赋予伦理实体以精神，这也就意味着伦理实体是由作为主体的个体精神创造的，这也是黑格尔"实体即主体"思想在法哲学中的应用。

---

① [德] 黑格尔：《法哲学原理》，邓安庆译，人民出版社 2017 年版，第 285 页。
② [德] 黑格尔：《法哲学原理》，邓安庆译，人民出版社 2017 年版，第 285 页。

第六章 伦理世界的规范性

伦理实体对个体具有规范作用，这就意味着伦理实体能够赋予个体以义务。但不同于道德阶段的义务，伦理实体的义务不在于道德主体的形式主义和空洞原则之中，而是在现实生活中具体的义务关系，伦理实体由此可被视为权利与义务统一的实体。虽然伦理实体是由个人构建而成的，但权利与义务关系并不来自个体主观的思维活动，而是根植于伦理实体本身之中，前者的主观建构无法摆脱偶然性和任意性的责难。进一步说，伦理生活中的权利与义务关系来源于人们在长期的社会生活中逐渐形成的稳固的社会交往关系。当这种社会交往关系形成社会制度时，其所体现的权利与义务关系也就能够以法律或社会风尚的形式固定下来。因此，任何人都无权凭借内心的偏好或主观的臆想就去构建某种权利与义务关系，它只能来自主体间性的社会活动之中。

义务虽然为个体规定了其应当去做的事，看似限制了个体自由的活动，但是黑格尔认为，恰恰在伦理生活中，"个人在义务中反而获得了他的解放。"[①] 这有两方面的原因。首先，个体摆脱了道德上的主观反思状态和对自然冲动的依附状态，在伦理生活中能够完全实现现实中的权利。个体不再陷入自我怀疑的抽象的道德反思，而是在伦理实体众所周知的权利与义务关系的引导下行动。由此既可以降低违反社会规则的风险，又可以较直接地达成善的目标。其次，伦理生活的义务只是限制了主体的任意性，而试图将其引导到客观的社会制度中。这样一来，义务并不是在限制个体的自由，而是排除掉抽象的自由，伦理义务也就成了个体获得解放，实现自由的必要条件。

---

① ［德］黑格尔：《法哲学原理》，邓安庆译，人民出版社2017年版，第288页。

第二节　自由精神与黑格尔的伦理教育

　　人生来就存在于伦理实体中。伦理只有通过教育才能完成对自然个人的扬弃，实现人的自由发展。因此，教育本质上是伦理教育。这一教育过程需要经过三个伦理形态才能完成。在家庭中，子女接受父母爱的教育。市民社会培养的是能够在市场上进行平等自由交往的市民，其教育目的在于去除人身上的自然性。只有在国家中，才能真正实现人的自由发展，这是通过爱国主义精神的培育完成的。至此，个人具备爱和公共精神的双重维度，实现了真正自由。

　　人在本质上是自由的存在，而要想真正实现自由，只有通过教育这一途径。这一思想是启蒙运动以来德国思想界的共识，发现这一思想并首先进行阐释的哲学家是康德。康德认为，作为自然存在的人，无论是否意识到自然的法则，我们都要遵从自然的规律，而作为本质上拥有自由的人，我们只有意识到人是自由的存在，意识到自由的内容和价值，我们才能将自由发挥出来，成为真正的自由的人。这一从潜在到现实的实现过程唯有通过教育才能实现。黑格尔继承了康德自由观的基本学说，承认人是自由的存在，并把自由这一观念贯穿到自己的哲学体系中去。但黑格尔仍然认为康德的自由理论是一种空无内容的主观自由。康德认为，真正的自由是可以自我证明的，不需要在自由的外在条件中寻找自由存在的原因，为此，康德将自由与道德法则联系在一起。道德法则在康德看来应是排除了一切感性、偶然的杂多，具有普遍必然性的纯粹的形式，是独立于自然法则的定言命令。道德法则就成为一种自律的法则，因此，只有当人是自由的存在时，才可能具有道德,人凭借道德行事是人的义务。人的自由只有通过道德法则才能得到实现。黑格尔由此认为康德的自由观只是一种否定的自由,只是一个纯粹理性的概念,同时,义务作为一个抽象的概念在康德哲学中也是没有内容的。康德的自由仅仅停留在自身中的,只是主观性的自我反思。它抽掉了一切现实生活中的权利和义务内容。黑格尔力图克服康德哲学中的主观性,认为自由只能在活生生的现实社会中才能得到实现和证明,教育也必须在现实生活中得到贯彻,而不是熟念一些做人的法则就可以成为一个具有道德或伦理法则的人。

从抽象法走向伦理的过程是人不断走向自由的过程。法的发展与人的自由是相辅相成的。只有在个人的主观意识与法的规范达到统一时,人才能获得真正的自由。这种状态就体现在伦理中。伦理并非所谓的社会风俗习惯和个人的内心修养,而是自由的社会生活状态,这种生活状态是在人们自由交往的过程中实现的,由此,伦理是真正的现实的善。在《法哲学原理》一书的序言中,黑格尔就区分了自然规律和礼法规律,认为这是我们能够认识真正的伦理首先要了解的。自然规律是自然界的规律,无论我们是否意识到它是绝对有效的,我们的认知和实践不能改变这种规律。而礼法规律是自由的规律。这种礼法是人精神的创造物。人的行为规律存在于人们的现实生活过程中,这种规律不能依靠外在的、直观的感觉经验呈现出来,它必须通过理性的概念的方式来进行把握。与人们服从自然规律不同,对礼法规律的服从并不是仅仅因为礼法存在而绝对地服从,而是需要考察它是否具有合理性,是否值得我们去服从。因此,伦理正是人类自我立法的表现,是人类自由意志的体现,对伦理的认同是在人们不断的交往活动中形成的。在这种对伦理的认可中,人们体会的应当是自由而不是束缚，因为真正的自由并不是纯粹的内心修养，而必须奠基于客观的伦理实体。在这种伦理生活中，完成的是对个人自然本质的超越。自然的个人是一种个体特殊性，他的目的是自我保存。因此，为实现自我生存的目的，它必然如同动物一样为了生存而盲目地自我膨胀。这样就如同霍布斯所认为的，由于竞争、猜疑以及荣誉感引起人们之间的纷争，使自然的状态真正成了战争状态，这种战争是一切人反对一切人的战争。在这种状态下，每个人都只想保全自己而不顾他人。而为了保全自己的生命，人就必然占有某物，在物少人多的情况下，人们不免发生争吵和争斗，由于缺乏一种公共权力来调节人与人之间的利益矛盾，人与人之间的争斗永无终止。黑格尔看到了自然的个人必然将导致争斗和对抗，因此，他希望通过扬弃个人的特殊性，将之带入伦理生活中。个体的自我意识，在内容方面包含了某些在根本上具有深刻社会性的内容。在伦理中，不仅普遍性可以得到实现，而且人的自由也能够得到发扬。

伦理作为对自然个人的扬弃，其重要途径就是教育。在黑格尔看来，教育本质上是伦理教育，而教育"是一个精神实体生命过程的一部分"。[1] 首先，教育是一门塑造人的艺术。教育并不仅仅是交会给他人一些实用性的技术，而是为了塑造人性。实用性的技术是一种生存的能力，它可以看做是使人性完善的手段和工具，而不是人性本身。从柏拉图、亚里士多德到近代的笛卡尔、康德等人，其哲学理论无非就是为了研究人性本身，甚至休谟最重要的著作冠名为"人性

---

[1] Allen W. Wood, "Hegel on Education", in *Philosophers on Education*, Amélie O. Rorty（ed.）, New York: Routledge, 1998, pp.300-317.

论"。人性只是潜在地存在于每个人的身上，要完善人性唯有通过教育。其次，教育是自然个人获得自由的精神的过程。教育就是为了使自然个人的特殊性提高到普遍性，在这种上升至普遍性的过程中，去除的是人身上的自然性，而个人的特殊性将在普遍性中获得新的意义，这就是黑格尔从特殊性到普遍性再到个别性的辩证思维。因此，所谓教育就是要改变人的自然本性，使人从简单的自然欲望中提升为具有自由精神的存在者。最后，教育的最高价值是实现人的解放。人的解放是自我解放，只有每个人通过接受教育，使自己具有完整人格，具有独立的自由精神，才能实现自我解放。教化的结果也是为了在社会中生存，"让人们理解他们的主观自我，接受塑造协调的人类活动的社会目标和习俗。这种个性化的同时又是共享的观点是通过教化实现的"[1]。这个解放过程也是一个长期发展的过程，并不是一蹴而就的，它要求人不断地领会自由精神，不断领悟主观意识和客观法则的相互一致，才能真正实现人的解放。

黑格尔非常重视教育的作用，不仅论说了教育与伦理和自由的关系，而且还在家庭、市民社会和国家等具体的伦理形态中展开论述。这就提供给我们一幅非常具体、具有可操作性的教育图景。三个伦理形态是与人们生活最为切近的，在每一个伦理形态中我们应该受到的教育内容是不同的，因此，我们一方面需要了解每个具体伦理形态的教育要求，另一方面还要探究为何会出现这种教育要求，以及三者的教育观是如何逻辑地相互过渡的。

---

[1] Jenn Dum and Robert Guay, "Hegel and Honneth's Theoretical Deficit: Education, Social Freedom and the Institutions of Modern Life", *Hegel Bulletin*, Vol.38, No.2 (2017).

黑格尔伦理体系第一个形态就是家庭。组建家庭的成员主要是父母与子女，因此，在家庭中，子女主要接受的是父母的教育，这种教育是爱的教育。黑格尔在论述家庭形态时，开宗明义地讲道："家庭，作为精神的直接实体性，以它感觉到自身的统一性，即爱为其规定。"①家庭是每个人出生伊始就开始面对的伦理共同体，它包含精神的直接性，是以血缘为纽带形成的一个伦理实体。与海德格尔曾说过的人是被抛入世界中的思想一样，在黑格尔这里，人首先被抛入家庭之中，这是任何正常人都逃离不了的事情。家庭中以"爱为其规定"，这种爱是在血缘基础上的自然之爱。也就是说，家庭成员之间的爱并不是社会上的博爱，或异性朋友间的友爱，家庭的爱没有别的原因，仅仅因为对方是自己的父母或子女而已。这种爱不需要理由，不如说家庭成员身份本身即是爱的理由。我们仅仅因为爱的对象是父母或子女而爱。这就是家庭中直接的、自然的爱。这种爱是家庭存在的根基，一旦家庭中失去了爱这一原则，家庭就会解体。

与此同时，家庭成员之间具有平等的人格，不应存在奴役与被奴役、压迫与被压迫的关系，子女也并非父母的私有财产。"子女是自在地自由的，而他们的生命则只是这种自由的直接定在。因此，他们不是作为物件，既不属于他人，也不属于父母。"②可以看出，子女本身也应具有独立的自由人格，家庭之间的关系是平等人格之间的关系。父母对子女进行教育，并非仅仅是父母本人对子女的教育，同时更重要的是伦理实体对于子女的教育。这一深刻的思想揭示出家庭中

---

① ［德］黑格尔：《法哲学原理》，邓安庆译，人民出版社2017年版，第288页。
② ［德］黑格尔：《法哲学原理》，邓安庆译，人民出版社2017年版，第318页。

的爱，更多的是一种具有客观规定性的伦理之爱，不仅仅是一种把对方作为私有财产的溺爱。这种伦理之爱内在地要求父母对子女进行教育，将之培养为一个真正具有自由人格的人。这种进行教育的权利和义务是伦理实体的客观要求，是父母不可推卸的责任和义务。从这一观点出发，现代社会法律大多规定了子女有受教育的权利，国家和社会也应有责任帮助家庭完成对子女的家庭教育。

由于人出生在家庭这一自然的伦理形态中，因此，家庭的教育目的就是"使子女超脱原来所处的自然直接性，而朝向自立和自由的人格提升。"① 作为具有潜在自由人格的子女，只有在家庭教育之后，才能成为具有真正自由人格的人。这种家庭教育一方面要把子女培养成合格的家庭成员。人在家庭中并不是孤零零的个人，他是家庭中的成员，是一种关系的家庭存在。他必须为了成为一个合格的家庭成员接受教育。另一方面，家庭教育也是为了培养优秀的社会成员。只有家庭是直接的、自然的伦理形态，因此，在子女走向社会之前，必须接受家庭教育，才能为成为合格的社会成员奠定基础。由此可见，家庭中爱的教育和公民教育是一体的，爱的教育是公民教育的基础和起点。

纵观古今中外教育思想，大多是建立在两种人性论基础上的教育观念。一种认为人性本善，父母的教育应该将子女内在的善心不断地引发出来，这一教育多为引发性的关爱。另一种认为人性本恶，凭借爱是不能达到教育的目的，必须进行严格的灌输式教育，对子女进行强制的善恶观念教育。黑格尔极力反对这两种教育观，他从人性观入

---

① [德]黑格尔:《法哲学原理》，邓安庆译，人民出版社2017年版，第318页。

手，认为无论采取性善论还是性恶论都没有依据，都只是人性观的任意选择，真的人性观既不是善的，也不是恶的，或者说人性既是善的，也是恶的。这种观点正是体现了人自身的复杂性和矛盾性。从这种观点出发，黑格尔认为父母对子女的教育应同时体现为进行爱的教育和进行服从的教育。

家庭教育的独特性就在于这种自然的爱的教育，这是一种情感教育。这是人们接受教育的第一步，"伦理必须作为感觉在儿童心灵中培植起来。"①情感教育可以修正子女对生活的态度，对自我情绪的管理。更重要的是，情感可以在子女心理培养一种信任感。这种信任感可以升华子女与父母之间爱的情感，是塑造子女自由人格的必然要求，也是其日后走向社会成为优秀公民的基本素养。黑格尔认为这种情感性的爱的教育包含三个环节。首先，我不愿意成为孤零零的个人，如果没有他人的爱，我就感觉自身是个残缺不全的人。其次，我在对方那里看到了自己的价值，对方也能从我这里找到生命的价值。最后，在家庭中实现了自我与他人的统一，"作为矛盾的溶解，爱就是伦理性的融合。"②

黑格尔认为，仅仅是情感的教育还不够，还需要进行规范性的规训教育。"教育的一个主要环节是规训，它的含义就在于扭转子女的自我意志，以便为单纯感性的和本性的东西指明方向。"③规训的目的也是为了去除子女身上的自然性，培育子女的伦理道德。伦理教育就是为了把人的主观任性提升到普遍的意志中来。情感教育往往会导致

---

① ［德］黑格尔：《法哲学原理》，邓安庆译，人民出版社 2017 年版，第 319 页。
② ［德］黑格尔：《法哲学原理》，邓安庆译，人民出版社 2017 年版，第 318 页。
③ ［德］黑格尔：《法哲学原理》，邓安庆译，人民出版社 2017 年版，第 318 页。

父母的溺爱，在生活上不断地满足子女任性的要求，这样的溺爱只会停留在直接自然的层面，而不能提升子女的精神。子女沉溺在父母之爱中，只会把自己变成一个自然的个人，永远不能具有自由的人格。子女受教育的过程就是一个不断脱离自然性、走向自由的过程。这一过程就需要教育上的强制和规训。在黑格尔来看，自然性具有无比强大的力量使人们停留在此，只有通过更大力量的矫正，才能实现从自然走向自由的根本改变。这种必须如此的强制性教育同时是社会的必然要求，人社会化的过程必然有一个强制的阶段将社会上的善恶意识等价值观灌输到子女的身上。

由以上的论述可以看出，家庭教育承担着塑造子女自由人格的艰难任务，这个任务的完成是通过爱的教育和规训教育来实行的。同时，家庭教育本身也是一种社会教育，目的是培养具有较高德行的社会成员。当子女接受完父母教育走向社会的时候，家庭教育也失去其存在的价值。子女接受家庭教育的过程也是不断丧失家庭教育的过程，下一步，子女将作为社会成员出现在市民社会中受社会的教育。

市民社会是处于家庭和国家之间的伦理形态。市民社会的成员，是家庭解体后走向社会的个人。在市民社会中，同时存在特殊性和普遍性的原则。一方面，个人作为特殊的主体，所关心的无非是自己的私人利益，其目的就是为了追逐个人利益的最大化；另一方面，市民社会中的个人是理性的人，在追求个人利益的同时，同样承认他人具有追求自我利益的权利。并且，自我利益的实现只有在与同样自由平等的他人的交往中才能得到实现，这样一来，社会就实现了普遍性的原则。因此，在市民社会中，不仅个人的能力和财富能够得到最大化，而且社会本身在人民自由交往中也能够不断提升其价值。市民社会的这种特点就要求我们培育出既能发挥自身禀赋，创造财富，又可以尊重他人，促进社会进步的个人。

　　子女在长大成人走向社会的时候，虽然受过家庭中爱的情感教育和规训教育，但在市民社会中，他们的目的和愿望仍然是为了自我和家庭的利益，依然没有摆脱自然的质朴性。在这里，黑格尔批评了两种教育观念。第一种教育观认为，在自然状态中的人是平等自由的，每个人是自己事物的裁判者，其风俗是纯洁朴实的，而教养则被看成一种堕落的东西，是玷污了自由人格的腐朽事物，是不必要存在的。还有一种教育观认为，人生的生活目的是为了享乐，是为了夺取自己的利益，教养只是我们达到这一目标的体面手段。黑格尔不满意这两种对教育的看法，认为这些教育思想根本没有掌握教育的内在精神。这些思想无论是通过回归自然状态还是以教育为手段达到享乐的目的，其实是一回事，都是指向一个单纯的设想出来的目标。市民自身具有二元性，他一方面自身具有无限的欲求，想要通过多种方式获得利益；另一方面又需要在人们的生活交往实践中限制自己的欲望，在满足他人利益的同时自己的利益也能得到满足。因此，市民社会中的教育目标就是要彻底去除家庭中所残留的自然性，提高其精神形态达到普遍性。黑格尔说，这种教育过程自然是十分艰难的，想要限制或反对自己身上的情欲和欲望，只有经过不断艰苦的训练和培养才能实现。

　　黑格尔论说了成功的市民社会教育的状态。在这种状态下，个人的欲望不再是单纯主观的幻想了，而是得到了客观性的证明，并在市民社会中能够得到实现。个人在实现自己的欲望的同时不断得到了锻炼，把自己提高到生活共同体的普遍性中，不仅可以充实市民社会的生活内容，而且自己的自由也能得到真正的实现，真正成为市民社中自由交往的主体。在这个意义上，黑格尔认为"教化是绝对东西的内在环节并具有无限的意义"①，它承担着实现个人欲望，塑造个人自由，提高社会整体价值的任务。真正具有教养的人，他可以在任何事上都能表现自己，但从不表现出自己的特别，相反，缺乏教养的人事事都要显示自己的特殊，这是因为他们还没有达到普遍性，只是停留在自己的主观愿望上。教育就是要使人符合事物的本性，在待人接物时发现自己的欲望实现无非是事物的普遍内在法则的要求，不需要展示自己的特异性。

人们的需要需要通过劳动，唯有通过劳动实践，自己的主观欲求才能得到实现。接下来，黑格尔就分析了如何进行劳动。劳动也需要进行教育。在市民社会中，只有劳动而不是幻想才是实现个人利益的手段，劳动的程度决定了你实现自己意愿的程度，决定了你在市民社会中的自由状况。这是因为，只有你的私人意愿得到满足，自由才能得到实现。可以看到，劳动在市民社会中具有根本的地位，它是沟通个人主观性与社会普遍性之间的桥梁。因此，这种劳动教育就具有非常重要的意义。这种教育的内容主要包含两个方面。一种是理论教育，这种教育是为了获得各种知识，锻炼自己的思维能力，使自己的思维能够活跃，可以理解事物之间复杂的联系，尤其是掌握事物之间相互过渡的辩证思维，这是黑格尔意义上的逻辑学。另一种教育就是实践教育。这种教育的目的在于"自己生产的需要和一般要有干活的习惯"②，在具体的实践教育中，主要包含三个内容。首先，要知道自

---

① ［德］黑格尔：《法哲学原理》，邓安庆译，人民出版社 2017 年版，第 333 页。
② ［德］黑格尔：《法哲学原理》，邓安庆译，人民出版社 2017 年版，第 341 页。

己主观意愿的实现一定要通过实践这一活动。其次，在实践中，我们并不是任性而为的。我们不仅会受到所改造的物的制约，还会受到社会中其他个人的限制，这是因为在市民社会中人们的劳动场所是一致的，劳动对象也是一致的。最后，在劳动中，我们必须掌握进行客观实践的专门技能。通过以上分析，可以看到，市民社会中有教养的公民需要具备两个方面的基本素养，一方面是对市民社会的一般精神，对劳动的目标和内容具有充分的认知；另一方面，则要掌握进行劳动实践的专门技能。

在黑格尔对市民社会这一伦理形态教育内容进行论述的时候，还有一点需要注意，那就是同业工会在教育中的作用。同业公会是一种公民自治组织，它是通过联合相似的职业技能的人组织起来的。这一形态具有具体的普遍性特征，首先，它是普遍的，而不是个人的主观特殊。其次，它又是特殊的，这一特殊体现为它们具有共同的、现实的利益。一方面，同业公会只会接受具有良好技能和高尚品格的人参与；另一方面，同业公会必须承担提高成员参与能力的教育任务。因此，黑格尔将同业公会称为"第二家庭"[①]。

市民社会主要培养的是能够在市场上进行平等自由交往的市民，但在这种伦理形态下，市民之间还只是纯粹的利益关系，其交往的目的始终是为了满足个人的需要，缺乏一种生活共同体内的公共精神。因此，一个人只能从经济领域走进政治领域，在国家这一伦理实体中获得全部的、真正的自由。

在黑格尔的"国家"概念中，国家是一种人类生活的法治共同体。

---

① ［德］黑格尔：《法哲学原理》，邓安庆译，人民出版社 2017 年版，第 378 页。

这种国家毋庸置疑是一种现代国家形态。在前现代社会国家中，国家权力由君主或贵族掌握，国家成了一台实现君主或贵族利益的行政机器。个人没有基本的平等自由权利，生命财产安全得不到保障，只能依附于国家。在现代国家中，独立自由的个人开始出现，个人的特殊权利开始得到保障，国家成了个人实现自身权利的生活共同体。只有从这时候起，个人的权利和义务才能得到真正的统一。人与人之间不再只是纯粹的利益关系，而是共同生活，拥有公共精神的公民。这一具体表现就是国家对于爱国主义精神的培育。

黑格尔依据国家的理念和现存的国家制度的区分，认为存在两种意义上的爱国主义精神。分别是基于自然情感的爱国主义和基于政治心意的爱国主义。自然情感的爱国主义是基于国家的理念基础上的，这种爱国主义表现的是对国家理念的爱，是对国家这一伦理形态的爱。这是一种无条件的、绝对的爱国主义。在任何时候这种爱都是不可消逝的。这种爱国主义本质上是对人类自由状态的热爱，是一种自由之爱。因为只有在国家这一伦理形态中，个人的自由才能得到真正的实现。政治心意之上的爱国主义是对现存政治制度的爱。这种爱是对我们目前生于斯、长于斯的现实国家制度的爱。当我们生存国家的现实政治制度不能保障我们的自由人格时，我们就可能会不满足于这种政治状态，而想要依靠国家的理念来进行政治制度改造。因此，这种基于政治心意上的爱是一种相对的、有条件的爱，它直接取决于现在的政治制度是否能够保障我们的幸福。可以看到，国家的理念和现实的国家政治制度之间可能会存在不一致，这两种形式的爱国主义也有可能发生冲突。我们不能混淆这两种不同的爱国主义形式，一方面，不可以以自然情感的爱国主义为理由，满足于现存的国家政治制度,这样的观点无异于君权神授理论的变种,不思进步,只为现实的政治状态辩护;另一方面,我们也不要认为对现实政治制度的批判就是缺乏爱国主义精神的表现,其实这种批判更多地反映了对国家理念的爱。

黑格尔认为,爱国主义精神的培养不是国家通过强力手段就可以形成的,而是要在现实的国家生活中培养起来的。爱国主义精神是人们日常生活中所培养出的一种精神。对黑格尔来说,"爱国主义是这样一种特性,在这种特性中,一个公民对国家有一种真实而理性的忠诚。"[1]一个国家的政治制度能够符合国家本性,人民的权利和义务能够得到统一,那么这个国家就是值得爱的,这种爱也是必然会出现的。在很多人看来,国家似乎只有依靠暴力才能维持存在。其实并不必然,国家的存在依靠的是人们的支持,是人们内心对这个国家的认同。因此,国家对公民的教育就是要培养公民的爱国主义精神,这种教育实现的根本途径就是实现公民的自由,保障公民权利与义务的统一。在国家培养公民爱国主义精神的同时,要实行一些公共政策对公民进行教育。在其中,黑格尔尤其谈到了开放对国家事务了解对公民的教育作用。人根本上是政治的动物,国家让公民参与到某些政治决策中来,公民可以学习到国家利益究竟是什么,学习到国家当局官吏的才能和德行,可以提高公民的政治意识。这种教育在黑格尔看来是在国家中最重要的一种教育手段。最后,黑格尔还提到了宗教在国家事务中的教育功能。在黑格尔哲学中,宗教是必须为国家服务的。宗

---

[1] Rupert H. Gordon, "Modernity, Freedom, and the State: Hegel's Concept of Patriotism", *The Review of Politics*, Vol.62, No.2 (2000).

教本身的教义是必须以国家生活中人的自由和幸福为基础的，因此，宗教可以发挥某些积极作用，对公民进行教化。

第三节 家庭、市民社会和国家

黑格尔将伦理实体划分为了家庭、市民社会和国家三个不同的环节，每一环节内部都蕴含着不同的规范性原则，并在此基础上展现出不同的权利—义务关系。只有在详细考察家庭、市民社会和国家的基础上，才能理解为何只有在国家中，才能真正实现了权利与义务的统一。

一、家庭

从家庭开始，黑格尔开始将目标转向了共同体，其最终是为了完成对国家的分析。但是，按照黑格尔常用的分析手段，他总是从最小的结构成分开始，逐步上升到对复杂事物的分析之中。由于所有的国家都包含有家庭这一社会结构，对国家本质的理解必然建立在对家庭本质的理解之上，在这个意义上我们可以说，缺乏家庭制度的国家是不可能存在的，因此，作为国家中最小结构的家庭，自然成为了黑格尔首要分析的对象。需要注意的是，虽然黑格尔在伦理生活中力图探究共同体的本质，但对其本质的揭示必然关涉个人在共同体中的作用，而黑格尔也在个人与共同体的辩证关系中发现了共同体的本质。

一开始，黑格尔就抛出了他关于家庭的论点，作为"精神的直接实体性"的家庭是以"爱为其规定"①的,是因为它是以天然的血缘关系为其纽带而组建的生活共同体。以爱为其规定,反映了黑格尔对近代以来以契约为纽带形成的家庭学说的批评。在后者看来,家庭是基于个体的一种契约性的组织,家庭内部的夫妻、父子、兄弟等关系也是基于契约所形成的权利和义务而联系在一起的,这就使家庭成为一种缩小版的政治共同体。而在黑格尔那里,家庭首先是伦理共同体,它只能以爱为其内部原则,这也是由于爱这一概念所产生的特殊性质所决定的。在青年时期,黑格尔就开始尝试通过爱来思考哲学问题,后来黑格尔把爱这一感性规定主要限制在了伦理实体中的家庭领域和部分的宗教领域中。②爱的作用就是让个体意识到与他者的统一,在爱中,个体不再独自地自己存在,相反,自己能够意识到自己的存在乃是因为首先放弃了自己的存在,转而在他者中找到自己的存在。就此,黑格尔把爱称为"一种最不可思议的矛盾"③。而在家庭中的爱,是孕育于血缘之中的,也就是说,家庭之爱的产生并不来自社会交往,而是根源于血缘之上的先天赋予。自然的、直接的血缘关系本身就是家庭之爱的理由。我可以被抽象地视为一个自然的存在者,但是在现实生活中,我生来就处于家庭之中,这也就意味着,我生来就有基于血缘关系之上的责任来爱其他的家庭成员。这种爱赋予我们众多的家庭角色,如父亲、儿子、兄弟等。因此,我们正是凭借着血

---

① [德]黑格尔:《法哲学原理》,邓安庆译,人民出版社2017年版,第288页。
② 青年黑格尔主要关注的是宗教和道德问题,并经常思考爱的意义。我们可以认为,直到1800年,黑格尔都把爱视为比概念更高的规定性。此后,黑格尔逐步颠倒了爱与概念的位置,概念成为认识哲学的最高规定性,而爱作为感性知识下降为低级的意识形式。
③ [德]黑格尔:《法哲学原理》,邓安庆译,人民出版社2017年版,第288页。

第六章　伦理世界的规范性

缘关系所赋予的角色来实现家庭之爱的。这种家庭角色就是直接的自然伦理关系。我们在家庭中的交往并不仅仅在于自己的独立的自然个体，而是带着某种家庭角色在进行交往。由此可以看出，家庭中的个体不再是黑格尔在抽象法权中所定义的个体了，他必然担负着某种角色，并肩负着某种责任。家庭这种伦理实体将父母和子女整合为一个整体，并以血缘关系赋予的家庭角色来行动。

家庭首先是通过婚姻建立起来的，为此，黑格尔将对家庭的分析重点放到了婚姻上。黑格尔对婚姻所下的定义是："婚姻是具有法的意义的伦理性的爱。"① 为了阐明这一观点，黑格尔批判了三种关于婚姻的通俗看法。首先，婚姻关系并不仅仅是性关系，而是一种以性关系为基础的伦理关系。因此，婚姻中的性关系也是一种经过了伦理教化的性关系，它绝非是两人之间单纯的肉体关系，因为这样的肉体关系没有摆脱动物的本能。其次，婚姻关系也绝非是一种民事契约关系。所谓的契约关系，其背后无非是为了满足个人欲望的利益关系，是独立个体之间的外部交换关系，这样一来，两人组成的家庭仅仅成为满足个人欲望的工具，使家庭不能成为一种伦理实体。最后，婚姻内不仅仅包含着爱。这里的爱指的是忽视客观规定的主观之爱，这就意味着，在婚姻中不能凭借爱的名义消融其他的一切规定性，爱必须有其客观的伦理性的规定，从而赋予双方各自责任和义务。② 基于以上对婚姻传统看法的批判，黑格尔在关于婚姻的定义中着重强调的是

---

① [德] 黑格尔：《法哲学原理》，邓安庆译，人民出版社 2017 年版，第 301 页。
② 在这个意义上，黑格尔反对那种追求纯粹精神之爱的"柏拉图式的恋爱"，他一方面认为性关系应当是婚姻关系的基础，另一方面又把客观性的规定加之于精神之爱上。

223

双方应明确自己所担负的责任，既不能以动物本能或契约关系来消灭爱，也不能以爱的名义毁坏婚姻中的责任。

　　婚姻不仅具有双方结合的偶然性，也包含着追求爱的必然性，因此，婚姻是偶然性与必然性的统一体。就哪两个人缔结婚姻关系，以及以何种方式达至婚姻关系具有不确定性，因而可以说是偶然的。①但就其为追求爱，以爱的规定限制自己而言，婚姻又是必然的，这也可以称为婚姻的客观出发点，即双方自由的同意组成一个人格，在这个统一的人格中，双方放弃自己独特的个性，在一定程度上限制自身，但这种限制却使自己获得了真正的自我意识，因而这种限制也是一种解放。虽然黑格尔把婚姻的缔结以及婚姻内部爱的原则看得极为神圣，但他也极力主张婚姻自由，这种婚姻自由不仅表现在双方自愿结合的自由，也体现在离婚的自由上。婚姻自由并不与婚姻责任相背离，婚姻自由蕴含着婚姻内的责任。所谓的婚姻自由，并不仅仅意味着缔结和取消婚姻关系的自由，更重要的乃是个体通过婚姻进入一种新的伦理关系之中，这种新的伦理关系又赋予个体以新的责任与义

---

① 关于如何达至婚姻关系，黑格尔总结了两种基本的方式，一种是传统的"父母之命，媒妁之言"，夫妻双方在婚姻之后再培养爱，另一种是在基于完全主观性的双方自由恋爱之后缔结婚姻。黑格尔把这两种都称为"极端的方式"，并明显更为赞成前一种方式，将其称为"更为伦理的路"。其原因大概是，黑格尔更为重视家庭的作用，前一种方式包含着家庭成员对子女的责任，而后者容易提出"种种非分要求"，缺乏某种客观规定。因此，黑格尔所认为的理想的婚姻结合方式是将父母意见与主观自由结合起来，这又可以分为两种形式，一种是双方自由恋爱，并得到家庭的支持和赞赏；另一种是婚事由父母指定，并征求子女的意见。当然，黑格尔也认为婚姻关系并不必然与人的生命相伴始终，而是提倡婚姻自由。参见[德]黑格尔：《法哲学原理》，邓安庆译，人民出版社2017年版，第302页。

务，这种责任与义务来自婚姻中的爱。可以说，爱蕴含着责任。为了彰显这种责任，黑格尔强调了婚姻仪式的作用。在他看来，婚姻仪式并不仅仅是可有可无的符号，这种符号能够赋予婚姻以神圣的形式。这种神圣性就在于确立了一种基于家庭权利与义务的伦理关系。

双方的自愿结合是婚姻之所以能够缔结的前提和基础，但婚姻和家庭的存续还必须以财富为基础。这种持久稳定的财富不仅能够为个体生命的存在提供必要的物质保障，还能够有效地支持家庭内部的再生产和家庭外部的独立性。在这种共有的家庭财富中，"抽象所有权中单纯一个人的以及欲望自私心的这种特殊需求的任性环节中，就转变为对一种共同体的关怀和增益"①，由此，正是通过对家庭共同财富的追求，才能最终实现个体向家庭共同体的转变。在这个意义上，我们可以说，家庭中没有属于私人所有的东西，一切家庭的财产都应当被家庭共同所有。② 家庭中没有个体的存在，存在的只是家庭角色。这也在某种程度上否定了个人的欲望和自利心，家庭财富在保障家庭存在的同时，发挥着否定家庭这一伦理实体的作用。这是因为个人一方面通过家庭获得某种自身规定，另一方面又要通过家庭满足自己的特殊需求，而个人在赚取家庭财富的同时却不能独自占有家庭财富，这就势必会使个体的特殊需求与家庭财富的共同权利发生冲突，从而瓦解家庭的有效性，甚至导致家庭的解体。③

---

① [德] 黑格尔：《法哲学原理》，邓安庆译，人民出版社2017年版，第314页。
② 这里可以看出抽象法中个人财产权的抽象性和假定性，人生来就生活于家庭之中，只有家庭共同体才对财产具有所有权。
③ 黑格尔在《法哲学原理》中主要说明的是子女创造家庭财富，但无法完全掌握自己创造的财富的矛盾，但我们有理由将之扩展到任何家庭成员。

家庭解体的完成是通过子女这一否定因素实现的。子女在教化中成为自由人格之后，必然会开始拥有独立的法权人格，这就会引发家庭的解体。这种家庭解体也同样体现了家庭教育的成功以及家庭再生的活力，它积极地塑造了新的自由人格组建新的家庭并进入社会之中。而在社会中，具有独立人格的自有个体的交往就形成了市民社会。

二、市民社会

市民社会（Burgerliche Gesellschaft）理论一直被视为黑格尔哲学中最具原创性的篇章之一，它不仅是马克思市民社会与国家学说的先声，也为后世发展交互主体性、交往理论等提供了宝贵的理论资源。市民社会中存在的是现实的具有独特目的的独立个体，这些个体的特殊利益只有在市民社会这个整体之内才能实现，与此同时，市民社会的整体利益又是通过个体的特殊利益而成为现实的。因此，在市民社会中，我们主要关注的是个人的如何成为社会的，社会的又如何成为个人的。

按照黑格尔的划分，在逻辑上，市民社会是位于家庭与国家之间的一个环节，但是在时间上，国家的出现要先于市民社会的诞生。市民社会与国家的不同之处在于，市民社会仅仅是依靠需要的必然性将个人联系在一起，个人之间的关系在其中是契约性的，而国家是凭借内在的必然性将个人组织在一起，从而形成一个整体。市民社会虽然也是一个整体，但它只具有相对性，它所处理的仅仅是个体之间的经济关系，在这个意义上，市民社会是从属于国家这个更大的整体的。

此外，市民社会的出现是社会发展的必然结果，通过占有等方式获得财产的个人与他人建立契约时，双方就已经处于一种社会化的状态之中了。因此，必然出现一个新的领域来调解不同个体的需要。在市民社会中，个人不再是抽象的财产占有者，而是具有自己特殊的需要，因而是完全自利的，其目的是满足需要，他人只是个人用来满足需要的手段，但是，个人在满足自己需要的同时，也满足了市民社会这个整体的需要，从而也满足了他人，简而言之，个人在满足他人需要的同时，也满足了自己。这就揭示出市民社会的两个基本的原则：作为特殊性的具体的有需要的个人与作为普遍性的基于相互承认之上的平等交换。前者的个人从家庭中演化而来，成为具体的现实化的个体，拥有追求并满足自己需要的权利，他人不过是满足自己需要的手段；后者的平等交换的能够实现的前提条件就是相互承认对方具有满足私利的权利。如果仅仅只有满足私利的个体这一特殊性，那么市民社会将会复归为"一切人反对一切人的战场"，经济秩序本身也就不复存在，反之，如果仅有市民社会这一普遍性原则，那么个体的需要就无法得到满足，市民社会的维持和发展也就丧失了动力。

黑格尔就此揭示了个体与市民社会的辩证关系：个体自身为了满足自己的需要，主观上必然会将他人作为手段，"指导他们相互作用的主导原则是基于获得目的的工具理性"[①]，但是在现实交往中，满足自己的需要必须通过为他人服务才能实现，从而将他人视为平等的自由主体来看待，这就使个人与他人都既是目的也是手段。"既然我是

---

① Matthew J. Smetona, "Hegel and Marx on the Spurious Infinity of Modern Civil Society", *Telos*, No.166（2014）.

从他人那里获得满足的手段,那我就得因此而接受他人的意见,但同时我也不得不生产满足他人的手段。"① 但是,黑格尔不仅仅满足于揭示出个体与市民社会相互促进、共同发展的一面,他还逻辑地推导出市民社会所具有的破坏性的一面。一方面,在满足原子式个人需要的同时,导致了人与人之间的生疏,每个人只关心自己的私利,并仅在经济交换层面上与他人交流,这也就不可避免地对自己造成了损害;另一方面,由于天赋、能力、机遇的不同,看似相互平等的经济交换背后隐藏着奢侈和贫困的危险,而这种奢侈和贫困依靠市民社会自身是无法解决的。这些破坏性的方面根源于市民社会中特殊性和普遍性两个原则的辩证关系,从而显示出市民社会仅仅是一种相对性的整体,它的内部矛盾需要在国家这个伦理实体中才能得以解决。

由于市民社会意在通过满足个体的需要而增加整个社会的福利,黑格尔非常自然地以个体的需要作为分析市民社会结构的逻辑起点。

需要首先是具体的现实的需要,市民社会中的个体,也不是道德立场中的主体,而是通过满足需要求得生存的活生生的人。这种需要也不同于动物的需要,在后者那里,需要是纯粹自然性的,是出自本能的自然行为,这就决定了动物需要的满足方式是"随遇而安"的。而人的需要是自觉的,他不仅具有自然式的需要,还能创造自己的需要。这就使人的需要有一种"精致化"②的倾向,所谓"精致化",意指人可以将自己的需要不断细分为各种方式和各种形态的需要,满足需要的手段也变得更为具体和等级化,而这些被细化之后的需要又可

---

① [德]黑格尔:《法哲学原理》,邓安庆译,人民出版社 2017 年版,第 338 页。
② [德]黑格尔:《法哲学原理》,邓安庆译,人民出版社 2017 年版,第 338 页。

以产生无限多的新的需要,这就是一种追求无限舒适的要求和目的。如此一来,需要的逻辑甚至走向了它的反面:重要的不是满足需要,而是产生需要,这样一来,"需要并不是从直接有此需要的人那里产生出来的,反倒是由那些企图通过产生需要而从中获利的人所制造出来的。"①需要的满足必须通过劳动。在市民社会中,个体必须通过劳动为他人提供产品或服务,在满足他人的同时满足自己的需要,在这个过程中,不仅个体自身与他人都得到了满足,社会整体也积累了财富,整个社会被描述为"由个人在人类相互依存的条件下通过生产和交换行为寻求满足其需求而自发产生的。"②在这个意义上,我们可以说劳动是人的解放方式,但是,劳动并不能使人从对物的依赖中彻底解放出来,他甚至不断地深陷于物的控制中,并最终沦为被奴役的对象。这种现象的发生正是由于人之需要的无限性,需要是无法得到完全满足的,人们总会生产更多的需要,虽然通过劳动人们可以创造出更加高效、更加便利的满足手段,但满足手段的提高也强化了需要的多样化,人就处于一种不断生产需要和不断发展满足需要手段的矛盾之中。因此,人的解放并不能仅仅依靠劳动,它还需要一些制度性的建设来规范需要及其满足手段。

从这里,我们就可以看出,为何黑格尔在市民社会中花费了大量的篇幅来讨论司法、警察和同业公会等内容。在市民社会中,关注的是个人需要及其实现,而司法等公共权力似乎是超出市民社会之上的伦理实体,它们是作为消除损害个人福利的保障性力量和制约不平等

---

① [德]黑格尔:《法哲学原理》,邓安庆译,人民出版社2017年版,第338页。
② David James, "Practical Necessity and Sociability: Kant's Influence on Hegel's Theory of Civil Society", *Hegel-Jahrbuch*, No.1 (2017).

现象的约束性力量存在的。市民社会旨在实现所有个体的需要，但依靠市民社会本身是无法完成的，因为它在某种程度上不可避免地会导致不平等现象。也就是说，虽然市民社会有责任保护每个人的利益，但它无法保证每个人都能实现自己的权利，也无法阻止他人侵害任何人的权益，这就需要某种制度性安排保障个人权利的实现。因此，司法等公共权力可视为保障市民社会内在经济活动的规范性力量，也可以看做规范个人满足合理需要的制度性安排。黑格尔尤其强调了同业公会的作用，它兼具特殊性和普遍性两种规定。说它是特殊的，是因为同业公会作为市民社会的劳动组织，是社会被划分为不同部门的产物，每一个同业行会都仅代表一个特殊的部门；而它之所以又是普遍的，是因为个体的需要或利益需要在同业公会中得以实现，个体通过同业公会这个整体与市民社会这个更大的整体联系起来。就此而言，个体为了同业公会的利益，就是为了自己的利益。同业公会成为个体与市民社会相互联系的中介，黑格尔因此也把它叫做"第二家庭"。通过保证私人利益与参与其中的个体的共同利益的一致性，同业公会将普遍性与特殊性联系起来。它与国家这一伦理实体的区别在于，它只是将某一特定群体集中在特定的共同体内，在社会的竞争中仅仅为了追求某一特定群体的利益。而国家是为了保障所有公民的利益而出现的。这就过渡到了黑格尔法哲学的最后一个环节——国家。

三、国家

国家在黑格尔哲学体系中占有重要的地位，它不仅是法哲学不断演进的最高环节，也是所有自由得以实现的最终领域。但是，与这种

第六章　伦理世界的规范性

至高地位伴随而来的，往往是来自人们的谩骂和敌视，将黑格尔的国家学说视做其哲学中最为保守的部分。在这里，我们且不看黑格尔关于国家的论说是否蕴含着保守和落后的因素，而仅仅来考察国家所蕴含的规范性以及与之相关的权利与义务问题，以此试图说明缘何黑格尔将国家作为伦理世界实现的最终环节。

与基于情感血亲的家庭和基于经济生活的市民社会不同，国家的基本内涵是一个公共的政治生活领域。由此可以很容易看出，黑格尔试图以政治来解决血亲和经济中产生的种种问题，因此，黑格尔把国家称为"伦理观念的现实性"①。这包含两方面的意思。一方面，国家是现实生活中的实体性存在，它切实存在于现实生活中，因而它具有一定的自主性；另一方面，它也存在于"单个人的自我意识及其知识和活动中"②，个体的生活必须蕴含于国家之中，这体现为个人所具有的政治德性，以此区别家神、民族精神等。

作为政治生活的共同体，国家为个体提供了生活和安全的保证，而个体之间也不再像市民社会中的个体一样，为获取经济利益仅仅把对方作为手段，在国家中，个体不再仅仅作为手段出现，毋宁说个体既是手段又是目的。这些个体所培育出的共同的目的能够产生一种基于共同价值之上的国家精神，这也是国家生命力的象征。在现代国家中，这些个体是具有独立人格和享有权利和义务的个体。它明显区别于古代国家的特点，古代国家可以被视为是宗法等级制度的，其中只有等级身份和在此基础上形成的人身依附关系，还没有出现可以自由

---

① ［德］黑格尔：《法哲学原理》，邓安庆译，人民出版社2017年版，第382页。
② ［德］黑格尔：《法哲学原理》，邓安庆译，人民出版社2017年版，第382页。

231

追求个人福祉的独立人格，国家的真实形态和理念还没有完全展现出来，可以说，个人利益与国家利益处于一种相互敌对、相互对立的关系之中。只有到了现代国家，个人的特殊利益才能得到保障并被国家和其他个体所承认，在个人的特殊利益和国家的普遍利益之间形成了一种相互促进、相互关联的关系：个人利益只有在国家之中才能得以实现，而国家普遍利益的实现也要在个人利益的不断实现中得到发展。因此，黑格尔感叹道：

> 现代国家的原则具有这样一种惊人的力量和深度，把主体性的原则推向完成，成为独立的个人特殊性的极端，而同时又使它回复到实体性的统一，于是在它本身中保存这个统一。①

这种主体性原则是现代国家最主要的特征，其一切国家精神都奠定在主体性原则之上。国家与个人的辩证关系同样体现在个人权利与义务的关系上。

权利和义务的关系问题是黑格尔法哲学的核心内容之一。在不同的环节，权利与义务的关系也是不同的。例如，抽象法中的个人只是具有普遍的抽象法权，道德仅仅具有主观的道德义务，还停留在无差别的"应当"的层次。抽象法和道德中的权利和义务缺乏现实性，仅仅存在着"内容上的抽象的等同性"②，这种"抽象的等同性"就要求

---

① [德]黑格尔：《法哲学原理》，邓安庆译，人民出版社2017年版，第390页。
② [德]黑格尔：《法哲学原理》，邓安庆译，人民出版社2017年版，第391页。

对某人是义务的东西,对其他人也是义务,对某人是权利的东西,对其他人也是权利,丝毫没有考虑到现实的差别。个人的自由与平等只是理念上的自由与平等,是个人所追求的目标,而在现实的具体社会关系中,从个人出生到后天的运气,毋宁说到处存在着不平等和不自由。而正是因为现实中存在着不平等和不自由,个人就要去追寻平等和自由。但是,这种追寻仅仅凭借个人的力量是不可能完成的,它还必须在国家之内依靠国家的公有权力使之实现。在这个意义上,黑格尔把国家唤作"在世上行进的神"①。但是,黑格尔提醒我们注意,任何时代的国家都可能不是最完美的,我们不应该把国家当做一件艺术品,国家内部依然存在狡诈、错误和恶劣的行径,但这些都不妨碍国家具有实现个人利益的本质,就像一个罪犯总还是一个有生命力的人一样。这样一来,在作为伦理实体的国家中,个人的权利和义务就是应当与现实的统一,抽象法和道德中的权利和义务也能在国家中现实地得以实现。这也就说明了,只有凭借一种客观的伦理秩序或国家秩序,才能克服权利与义务相分离的状态,从而实现权利与义务的统一。

在古代国家和前现代国家中,权利和义务是相互分离的,社会把大多数权利赋予一个阶层,把大部分义务指派给另一个阶层,这就导致一个人的义务配不上他的权利,他也就无法获得他应得之事,这就极易造成不同阶层之间的冲突,引发社会的动荡甚至国家政权或体制的更迭。黑格尔在主奴关系中已经极为深刻地展示了这一点。那么,现代国家如何能够实现权利和义务的统一呢?按照一般人的构想,必

---

① [德]黑格尔:《法哲学原理》,邓安庆译,人民出版社 2017 年版,第 388 页。

然是你完成了多少的义务，也就相应地得到多少的权利，这是一种典型的功利主义的计算方式，但这依然解决不了一些困难，例如，如何能够判定所得的权利与所行的义务是匹配的，如何能够说明个人是否能够满意自己所获得的权利？黑格尔认为，这一思路的错误之处在于没有说明权利和义务的真正来源。黑格尔给出的回答是，个人的义务是在实现自己的权利的同时自己提出的。换句话说，为了实现自己的权利，就要完成基于该权利产生的义务。个人不能随意地履行任何形式的义务，他必须首先知晓自己的个人利益所在，然后考察该个人利益在社会关系中所处的位置和地位，也就是说，为了获得某一权利就要完成该权利在社会关系网络中所隐含的义务。因此，国家中的权利与义务不是简单的对等关系，而是要看该权利在所处社会关系中蕴含的义务。

随之而来的一个问题是，我如何能够参与到权利与义务的关系中？在黑格尔看来，答案是不言而喻的，我生活在国家这个伦理实体中，就天然地能够履行义务和实现权利。这就使得我们不能因为某个人残疾或丧失劳动能力就将他们排除在权利—义务体系之外，恰恰相反，正因为他无法达到正常人的行动能力，他可以获得基于他所处的社会关系中更多的或不同的权利。

伦理世界是具体的实现了法的世界，个人与社会在伦理中能够达成和解，个人的权利和义务能够在伦理世界中找到相应的位置。作为"第二自然"的伦理是现实存在的具有实体力量的存在者，能够规范和指导生活于其中的个人。伦理实体的义务不在于道德主体的形式主义和空洞原则之中，而是在现实生活中具体的义务关系，伦理实体由此可被视为权利与义务统一的实体。伦理生活中的权利与义务关系来源于人们在长期的社会生活中逐渐形成的稳固的社会交往关系。当这种社会交往关系形成社会制度时，其所体现的权利与义务关系也就能够以法律或社会风尚的形式固定下来。

  黑格尔将伦理实体划分为家庭、市民社会和国家三个不同的环节，每一环节内部都蕴含着不同的规范性原则，同时体现了不同的权利—义务关系。家庭是以爱为原则的，是以天然的血缘关系为其纽带而组建的生活共同体。我们正是凭借着血缘关系所赋予的角色来实现家庭之爱的。这种家庭角色就是直接的自然伦理关系。市民社会中存在的是现实的具有独特目的的独立个体，这些个体的特殊利益只有在市民社会这个整体之内才能实现，与此同时，市民社会的整体利益又是通过个体的特殊利益而成为现实的，它所处理的仅仅是个体之间的经济关系。个人不再是抽象的财产占有者，而是具有自己特殊的需要，因而是完全自利的，其目的是满足需要，他人只是个人用来满足需要的手段，但是，个人在满足自己需要的同时，也满足了市民社会这个整体的需要，作为政治生活的共同体，国家为个体提供了生活和安全的保证，而个体之间也不再像市民社会中的个体一样，为获取经济利益仅仅把对方作为手段，在国家中，个体不再仅仅作为手段出现，毋宁说个体既是手段又是目的。在国家中，才真正实现了权利与义务的统一，其中，个人的义务是在实现自己的权利的同时自己提出的，为了获得某一权利就要完成该权利在社会关系网络中所隐含的义务。

结 语
绝对和规范：如何过一种黑格尔式的伦理生活

国王俄狄浦斯死后，由于两个儿子厄忒俄克勒斯和波吕涅科斯年纪尚幼，就由俄狄浦斯的弟弟克瑞翁摄政。厄忒俄克勒斯和波吕涅科斯成年后，为争夺王位，互相攻伐。双方围绕着对城邦展开争夺，波吕涅科斯带领军队进攻城邦，厄忒俄克勒斯则守卫城邦。战争的结果是两人互相杀死了对方，由于厄忒俄克勒斯为守卫城邦而死，就成了城邦的英雄，而波吕涅科斯因进攻城邦而亡，就成了城邦的敌人。克瑞翁遵循这一传统，下令对厄忒俄克勒斯厚葬，并禁止任何人为波吕涅科斯下葬。作为俄狄浦斯女儿的安提戈涅，意图为哥哥波吕涅科斯下葬。守兵发现后就将安提戈涅带到克瑞翁面前。克瑞翁指责她公开违反禁令，而安提戈涅辩解道：埋葬亲人是神赋予人应尽的义务，也是神赋予人的权利，克瑞翁不让安葬亲人的法令不是神所颁布的，凡人的法令不能与神颁布的法令相违背。愤怒的克瑞翁最终凭借权力处死了安提戈涅。

《安提戈涅》是古希腊悲剧作家索福克勒斯的著名剧作，自诞生以来吸引了无数的读者。解读者从不同的方面运用不同的分析手法分析了《安提戈涅》所呈现的复杂面貌。但无论何种解读方式，其最为核心的应当是黑格尔所说的"人的法则"与"神的法则"的冲突。人的法则是一种符合城邦律法的生活，而神的法则代表的是现实的个人生活，两种法则的产生是由于自我意识的觉醒，在表面上看，城邦生活和个人生活虽然常常能够达成一致，但也存在较大的冲突风险。

人的法则内部包含公民和民族两个相互对立且相互依赖的因素。公民是由于具备成为民族内一员的意识而产生的，而民族就是那个公民生活于其中的伦理共同体，对于公民而言，民族就是那个发挥着现实作用的伦理实体。这种伦理实体是通过伦常和政府发挥作用的，前者是人们在共同体中形成的一些日常生活法则，后者则是借助于公共权力而制定的规则和界限。因其对所有公民都有约束力，它就具备了一种普遍性。作为现实的意识的公民和作为现实的实体的民族共同构成了人的法则。在人的法则之外，还存在着作为个人自我生活的神的法则。这也就是说，除了伦常和政府能够制约的那部分自我之外，还存在着部分无须担当社会角色，并受其他法则制约的自我。这种受其他法则制约的自我就是处于家庭中的成员。家庭是个人无意识的、自然的依归之所，它与赋予公民身份的城邦或国家相对立。城邦总是要将个人从家庭中驱逐出去，将之塑造成为一个能够担负公民精神的政治成员。但家庭也是一种精神现象，因为家庭也是一种伦理关系，而伦理关系只能是一种精神现象，在这个意义上，黑格尔认为，家庭成员之间的伦理关系不是情感关联或爱的关系，家庭并不是仅仅依靠血缘就能建立起来的，"父母"和"子女"的身份是由具有伦理关系的社会赋予的。因此，家庭与城邦的对立不是自然与精神的对立，而是精神内部两个方面的对立。

《安提戈涅》的主要内容是在探讨"死亡的权利"。无论是自然死亡，还是为共同体献出生命，死亡是一种个人的自然现象，死亡使死者生前的伦理关系突然中断，死者暴露在自然力量之下，具有成为无意义自然之物的危险，安葬就是重新接续伦理关系，使死者重归共同体的行为。安葬对于家庭而言就是一种最高的义务，它意味着家庭共同体对死者的承认，并赋予死者以家庭的公共意义。之所以家庭把安葬视为最高义务，乃是因为无论死者生前在政治公共领域有多么大的作为，神的法则都会在他之后将他争夺回来，埋葬于地下。因此，无论是为城邦献出生命的厄忒俄克勒斯，还是背叛城邦的波吕涅科斯，对于作为家庭成员的安提戈涅来说，都具有安葬他们的使命。城邦对于公民死后是否能够得以安葬的判断标准就是看他是否忠诚于城邦，对于波吕涅科斯这样的背叛者，城邦的做法就是将他排除在城邦共同体之外，这就造成了家庭与城邦之间在死亡权利上的冲突。

那么在《安提戈涅》中，索福克勒斯为何不让波吕涅科斯的妻子或母亲安葬他，而是让身为妹妹的安提戈涅担当这个任务？在神的规律所支配的家庭之内，存在着夫妻关系、亲子关系和兄弟—姐妹关系。夫妻关系是具有较多自然性因素的关系，还不能称得上是完全自由的伦理关系。这是因为两个人结为夫妻关系的原因主要是外在于家族或城邦利益的自然结合，夫妻双方本来是相互外在的个体，真正的夫妻关系的维系依靠的是双方的自然感情，而不是家族或城邦的强制。正是由于双方的自然结合才产生了家族共同体，而家族共同体的延续不仅包含夫妻双方的自然结合，还包含亲子关系和兄弟—姐妹关系，这两种关系诞生于家族共同体之内，直接地以伦理关系为其存在的基础，显然更具有伦理特性。其中，亲子关系是夫妻关系的延续，或者是夫妻伦理关系的真正实现，夫妻关系试图在亲子关系上最终得以实现。但是，子女最终要离开原属于父母的家族共同体，与他人结合并最终产生新的家庭。因此，恰恰是由于与父母的分离才会诞生新的家族共同体。这样一来，真正纯粹的，并按照伦理要求行动的，只有兄弟—姐妹关系。这种关系可以视为最具伦理性的关系，他们中的每一个人都是独立的，并不需要依存于对方而存在，但同时因为附属于一个共同的家族共同体，因而需要承担如何行动的伦理法则。

在兄弟—姐妹关系中，黑格尔主要强调的，或者说《安提戈涅》主要揭示的是作为女性的姐妹在这一关系中的作用。在古典时代，男女之间的伦理要求分然有别，男性在家庭成员中的身份和成为城邦公民的身份是可以截然分开的，因此，我们可以说，在男性那里，个别性和普遍性是相互分离的。但是，女性则试图在家庭这一伦理实体内实现个别性和普遍性的结合，其中普遍性就是指对家庭这一伦理实体的维护。经过上面的分析，我们可以看出，母亲和女儿这样的家庭角色并不具有纯粹的伦理关系，只有姐妹对兄弟的承认才具有真正的伦理性，这也就是说，姐妹通过对兄弟的承认实现了个别性和普遍性的统一，因此，安葬死后的兄弟对于姐妹来说就是伦理赋予她的最高义务。

这样一来，我们就能很好地理解为何安提戈涅哪怕失去生命也要为背叛城邦的兄弟安葬，而克瑞翁为了城邦的安全必须下令处死安提戈涅。这两种行为似乎都是正确的，因为他们都遵循了属于他们的不同的法则，即神的法则和人的法则。

事实上，家庭和城邦，或神的法则和人的法则并不是相互对立的，而是相互支持，并在一定的范围内才具有有效性的伦理实体。家庭只有在城邦之下才能生存，它本身并不能独立自存，家庭也在教育、医疗等众多方面受到了城邦的规定；而城邦也必须以家庭的存在而延续下去，因为作为城邦的公民必然来自家庭，城邦公民必然具有家庭成员这一伦理角色，城邦的法令也只有获得家庭共同体的支持才具有权威性。但显然，这种家庭和城邦的辩证关系在《安提戈涅》中还未被意识到，只有在戏剧的结尾，索福克勒斯借安提戈涅之口表达了对两种对立法则的质疑：

> 我究竟犯了哪一条神律呢……我这不幸的人为什么要仰仗神明？为什么要求神保佑，既然我这虔敬的行为得到了不虔敬之名？即使在神们看来，这死罪是应得的，我也要死后才认罪；如果他们是有罪的，愿他们所吃的苦头恰等于他们加在我身上的不公正的惩罚。①

古代城邦中的神的法则和人的法则的对立在现代伦理世界中转变成了不同伦理义务之间的对立。伦理世界中赋予个人的各种角色隐含着不同角色之间的冲突，但这些冲突并不是必然的，而是可以被各种制度所疏导和化解。人们在各种社会制度中完成社会赋予的责任，也在社会制度中找到自己的安身立命之所。因此，制度就成了现代人伦理生活的核心。良好的制度能够让人拥有如坐家中的感觉，它可以帮助人们实现自己不同的伦理角色，也能协调好不同个人在社会中的不同利益。这些制度理所应当地包括法律、公司、国家和国际组织等。个人在社会中绝不是直面冷峻的自然状态，而是被一系列相互勾连的制度所包围，它们涉及人们生活的各个方面，制度决不允许个人在制

---

① 罗念生：《索福克勒斯悲剧五种》，上海人民出版社2016年版，第45页。

度之外行动。然而，这些制度也绝不是天启命令，而是人们在社会交往之中不断更新和演化的，它们是在适应人类生活的基础上发展起来的，因而能够表达人们的利益。与此同时，制度也带有一定的历史性，它反映的无非是当前社会发展和人们利益表达的需要，它并不是僵死的固定之物，而是随着人们交往的深化而不断发展的。这一不断发展的过程就是人们更好地适应社会、实现自我的过程，也就是走向"绝对"的过程。这样一来，绝对就意涵着规范性，绝对也就可被视为规范本身，实现绝对的过程也就是规范不断完善、不断适应伦理世界的过程。这种规范的现实表现无非就是制度。制度的建立、发展和完善就是伦理规范不断自我调适的过程。

参考文献

一、中文专著类

1.[美] 阿克塞尔·霍耐特:《自由的权利》,王旭译,社会科学文献出版社 2013 年版。

2.[美] 阿克塞尔·霍耐特:《物化:承认理论探析》,罗名珍译,华东师范大学出版社 2018 年版。

3.[美] 艾伦·伍德:《黑格尔的伦理思想》,黄涛译,知识产权出版社 2016 年版。

4.[法] 保罗·利科:《承认的过程》,汪堂家、李之喆译,中国人民大学出版社 2019 年版。

5.[美] 查尔斯·泰勒:《黑格尔》,张国清、朱进东译,译林出版社 2012 年版。

6.[德] 迪特·亨利希:《在康德与黑格尔之间》,乐小军译,商务印书馆 2013 年版。

7.[德] 芬克:《黑格尔〈精神现象学〉的现象学阐释》,贾红雨译,上海书店出版社 2011 年版。

8.[美] 弗雷德里克·拜塞尔:《黑格尔》,王志宏、姜佑福译,华夏出版社 2019 年版。

9.［美］弗雷德里克·诺伊豪瑟：《黑格尔社会理论的基础：积极自由》，张寅译，北京师范大学出版社 2020 年版。

10.高全喜：《论相互承认的法权》，北京大学出版社 2004 年版。

11.高兆明：《黑格尔〈法哲学原理〉导读》，商务印书馆 2010 年版。

12.［德］荷尔德林：《荷尔德林文集》，戴晖译，商务印书馆 1999 年版。

13.［德］黑格尔：《法哲学原理》，邓安庆译，人民出版社 2017 年版。

14.［德］黑格尔：《逻辑学》（上卷），杨一之译，商务印书馆 2014 年版。

15.［德］黑格尔：《逻辑学》（下卷），杨一之译，商务印书馆 1976 年版。

16.［德］黑格尔：《精神现象学》，邓晓芒译，人民出版社 2017 年版。

17.［德］黑格尔：《小逻辑》，贺麟译，商务印书馆 2020 年版。

18.［德］黑格尔：《哲学科学百科全书Ⅲ精神哲学》，杨祖陶译，人民出版社 2015 年版。

19.［德］卡尔·洛维特：《从黑格尔到尼采》，李秋零译，生活·读书·新知三联书店 2006 年版。

20.［德］康德：《纯粹理性批判》，邓晓芒译，人民出版社 2004 年版。

21.［德］康德：《道德形而上学奠基》，杨云飞译，邓晓芒校，人民出版社 2013 年版。

22.［美］克里斯汀·科尔斯戈德：《规范性的来源》，杨顺利译，上海译文出版社 2010 年版。

23.李育书：《自由意志与普遍规范：黑格尔的法哲学研究》，北京大学出版社 2019 年版。

24.刘创馥：《黑格尔新释》，商务印书馆 2019 年版。

25.刘钢：《真理的话语理论基础》，人民出版社 2015 年版。

26. 刘哲：《黑格尔辩证—思辨的真无限概念》，北京大学出版社 2009 年版。

27. [法] 卢梭：《论人类不平等的起源和基础》，李常山译，商务印书馆 1997 年版。

28. [法] 卢梭：《社会契约论》，何兆武译，商务印书馆 2003 年版。

29. [美] 罗伯特·布兰顿：《在理由空间之内：推论主义、规范实用主义和元语言表达主义》，孙宁等译，上海人民出版社 2019 年版。

30. [英] 洛克：《政府论》（下篇），叶启芳、瞿菊农译，商务印书馆 2007 年版。

31. 罗念生：《索福克勒斯悲剧五种》，上海人民出版社 2016 年版。

32. [英] 罗素：《我们关于外间世界的知识》，陈启伟译，上海译文出版社 2008 年版。

33. [德] 马丁·海德格尔：《黑格尔》，赵卫国译，南京大学出版社 2017 年版。

34. [美] 米歇尔·哈德蒙：《黑格尔的社会哲学：和解方案》，陈江进译，北京师范大学出版社 2020 年版。

35. 倪梁康：《自识与反思》，商务印书馆 2006 年版。

36. [美] 皮平：《黑格尔的理念论》，陈虎平译，华夏出版社 2006 年版。

37. [德] 普芬道夫：《人和公民的自然法义务》，鞠成伟译，商务印书馆 2010 年版。

38. [法] 让-弗朗索瓦·科维纲：《现实与理性：黑格尔与客观精神》，张大卫译，华夏出版社 2018 年版。

39. [美] 塞拉斯：《经验主义与心灵哲学》，王玮译，复旦大学出版社 2017 年版。

40. [英] 斯蒂芬·霍尔盖特：《黑格尔导论》，丁三东译，商务印书馆 2013 年版。

41.[美] 汤姆·罗克摩尔：《黑格尔：之前和之后》，柯小刚译，北京大学出版社 2005 年版。

42.[美] 特里·平卡德：《黑格尔传》，朱进东、朱天幸译，商务印书馆 2015 年版。

43.[意大利] 维科：《新科学》，朱光潜译，人民出版社 1987 年版。

44.[德] 维尔纳·马克思：《黑格尔的〈精神现象学〉》，谢永康译，人民出版社 2015 年版。

45．杨河：《康德黑格尔哲学在中国》，首都师范大学出版社 2011 年版。

46.[美] 约翰·麦克道尔：《将世界纳入视野：论康德、黑格尔和塞拉斯》，孙宁译，复旦大学出版社 2018 年版。

47.郑宇健：《规范性：思想和意义之基》，中国人民大学出版社 2019 年版。

48．邓晓芒：《思辨的张力：黑格尔辩证法新探》，商务印书馆 2016 年版。

二、中文报刊类

1.丁三东：《黑格尔法哲学的逻辑学基础》，《哲学动态》2018 年第 10 期。

2.韩东晖：《人是规范性的动物——一种规范性哲学的说明》，《中国人民大学学报》2018 年第 5 期。

3.李红：《分析哲学中的"黑格尔转向"——以布兰顿推理主义语义学为个案》，《哲学动态》2013 年第 2 期。

4. 刘学良：《为什么规范性是必然的——布兰顿的"康德—黑格尔式"规范性论证》，《南海学刊》2018 年第 4 期。

5. 倪剑青：《黑格尔的"绝对"概念》，《哲学研究》2012 年第 11 期。

6. 先刚：《试析黑格尔哲学中的"道德"和"伦理"问题》，《北京大学学报（哲学社会科学版）》2015 年第 6 期。

7. 张汝伦：《从黑格尔的康德批判看黑格尔哲学》，《哲学动态》2016 年第 5 期。

三、外文专著类

1. Allison Henry, *Kant's Transcendental Idealism*, Revised and Enlarged Edition, New Haven: Yale University Press, 2004.

2. Alznauer Mark, *Hegel's Theory of Responsibility*, Cambridge: Cambridge University Press, 2015.

3. Ameriks Karl, *Kant's Elliptical Path*, Oxford: Oxford University Press, 2012.

4. Anderson Sybol C, *Hegel's Theory of Recognition*, Cambridge: Cambridge University Press, 1991.

5. Beiser Frederick C, *The Fate of Reason: German Philosophy from Kant to Fichte*, Cambridge, MA: Harvard University Press, 1987.

6. Beiser Frederick C, *German Idealism: The Struggle against Subjectivism, 1781–1801*, Cambridge, MA: Harvard University Press, 2002.

7. Beiser Frederick C, *Hegel*, London: Routledge, 2005.

8. Bohnet Clayton, *Logic and the Limits of Philosophy in Kant and Hegel*, London: Palgrave Macmillan, 2015.

9. Bowman Brady, *Hegel and the Metaphysics of Absolute Negativity*, Cambridge: Cambridge University Press, 2013.

10. Brandom Robert, *Making It Explicit: Reasoning, Representing, and Discursive Commitment*, Cambridge, MA: Harvard University Press, 1994.

11. Brandom Robert, *Articulating Reasons: An Introduction to Inferentialism*, Cambridge, MA: Harvard University Press, 2002.

12. Brandom Robert, *Tales of the Mighty Dead*, Cambridge, Cambridge, MA: Harvard University Press, 2002.

13. Brandom Robert, *A Spirit of Trust: A Reading of Hegel's Phenomenology*, Cambridge, MA: Harvard University Press, 2019.

14. Brinkmann Klaus, *Idealism without limits: Hegel and the Problem of Objectivity*, Berlin: Spinger, 2011.

15. Karin de Boer, *On Hegel: The Sway of the Negative*, London: Palgrave Macmillan, 2010.

16. Ferrarin Alfredo, *Hegel and Aristotle*, Cambridge: Cambridge University Press, 2001.

17. Findlay John, *Hegel: A Re-Examination*. London: George Allen & Unwin, 1958.

18. Förster Eckart, *The Twenty-Five Years of Philosophy: A Systematic Reconstruction*, Cambridge, MA: Harvard University Press, 2012.

19. Forster Michael N, *Hegel's Idea of a Phenomenology of Spirit*, Chicago: University of Chicago Press, 1998.

20. Franks Paul, *All or Nothing: Systematicity, Transcendental Arguments, and Skepticism in German Idealism*, Cambridge, MA: Harvard University Press, 2005.

21. Gadamer, Hans-Georg. *Hegel's Dialectic: Five Hermeneutical Stud-*

ies. Translated by P. Christopher Smith, New Haven, CT: Yale University Press, 1976.

22. Gibbard, Allan. 2003. *Thinking How to Live*, Cambridge, MA: Harvard University Press, 2003.

23. Goodfield, Eric L. *Hegel and the Metaphysical Frontiers of Political Theory*, London: Routledge, 2014.

24. Grier, Michelle. *Kant's Doctrine of Transcendental Illusion*, Cambridge: Cambridge University Press, 2001.

25. Guzmán, Luis. *Relating Hegel's Science of Logic to Contemporary Philosophy*, London: Palgrave Macmillan, 2015.

26. Hardimon, Michael O. *Hegel's Social Philosophy: The Project of Reconciliation*, Cambridge: Cambridge University Press, 1994.

27. Harris, H.S. *Hegel's Ladder*, Indianapolis: Hackett Publishing Company, 1997.

28. Henrich, Dieter. *Between Kant and Hegel: Lectures on German Idealism*, Cambridge, MA: Harvard University Press, 2003.

29. Honneth, Axel. *Verdinglichung*, Frankfurt: Suhrkamp, 2005.

30. Honneth, Axel. *Das Recht der Freiheit*, Frankfurt: Suhrkamp, 2011.

31. Houlgate, Stephen. *An Introduction to Hegel: Freedon, Truth and History*. Hoboken: Wiley-Blackwell, 2005.

32. Houlgate, Stephen. *The Opening of Hegel's Logic: From Being to Infinity*. West Lafayette, IN: Purdue University Press, 2006.

33. Joyce, Richard. *The Myth of Morality,* Cambridge: Cambridge University Press, 2001.

34. Kreines, James. *Reason in the World: Hegel's Metaphysics and Its Philosophical Appeal*, Oxford: Oxford University Press, 2015.

35. Lebandize ,Giorgi. *Hegel's Transcendental Ontology*, Lexington: Lexington Books, 2019.

36. Longuenesse, Béatrice. *Hegel's Critique of Metaphysics*, Cambridge: Cambridge University Press, 2007.

37. Mc Cumber, John. *Understanding Hegel's Mature Critique of Kant*, Palo Alto: Stanford University Press, 2013.

38. McDowell, John. *Having the World in View: Essays on Kant, Hegel, and Sellars*, MA: Harvard University Press, 2009.

39. McDowell, John. *Mind and World*, MA: Harvard University Press, 1996.

40. Neuhouser, Frederick. *Foundations of Hegel's Social Theory: Actualizing Freedom*, Cambridge, MA: Harvard University Press, 2003.

41. Novakovic, Andreja. *Hegel on Second Nature in Ethical Life*, Cambridge: Cambridge Univeristy Press, 2017.

42. Peperzak, Adriaant T. *Modern Freedom:Hegel's Legal, Moral, and Political Philosophy*, NewYork: Springer, 2001.

43. Pippin, Robert. *Hegel's Idealism: The Satisfactions of Self-Consciousness*, Cambridge: Cambridge University Press, 1989.

44. Pippin, Robert. *Hegel's Realm of Shadows: Logic as Metaphysics in "The Science of Logic"*, Chicago: University of Chicago Press, 2019.

45. Pollok, Konstantin P. *Kant's Theory of Normativity: Exploring the Space of Reason*, Cambridge: Cambridge University Press, 2017.

46. Redding, Paul. *Analytic Philosophy and the Return of Hegelian Thought*, Cambridge: Cambridge University Press, 2007.

47. Ricoeur, Paul. *Parcours de la Reconnaissance*, Paris : Editions Gallimard, 2005.

48. Russell, Bertrand. *Our Knowledge of the External World*, London: Routledge, 2009.

49. Schroeder, Mark. *Slaves of the Passions*, Oxford: Oxford University Press, 2007.

50. Sedgwick, Sally. *Hegel's Critique of Kant: From Dichotomy to Identity*, Oxford: Oxford University Press, 2012.

51. Sellars, Wilfrid. *Science, Perception and Reality*, Routledge & Kegan Paul Ltd: The Humanities Press, 1963.

52. Sellars, Wilfrid. *Empiricism and the Philosophy of Mind*, Cambridge, MA: Harvard University Press, 1997.

53. Siep, Ludwig. *Praktische philsophie im Deutschen Idealismus*, Frankfurt: Suhrkamp, 1992.

54. Stern, Robert. *Understanding Moral Obligation*, Cambridge: Cambridge University Press, 2012.

55. Thomson, Judith Jarvis. *Normativity*. IL: Open Court, 2008.

56. Thompson, Kevin. *Hegel's Theory of Normativity: The Systematic Foundations of the Philosophical Science of Right*, Chicago: Northwestern University Press, 2019.

57. Wedgwood, Ralph. *The Nature of Normativity*, Oxford: Oxford University Press, 2007.

58. Westphal, Kenneth. *Hegel's Epistemology*, Indianapolis, IN: Hackett, 2003.

59. Williams, Robert. *Recognition: Fichte and Hegel on the Other*, New York: State University of New York Press, 1992.

60. Williams, Robert. *Hegel's Ethics of Recognition*, Oakland: University of California press, 2000.

61. Winfield, Richard Dien. *From Concept to Objectivity: Thinking Through Hegel's Subjective Logic*, London: Routledge, 2006.

62. Wood, Allen W. *Hegel's Ethical Thought*, Cambridge: Cambridge University Press, 1990.

63. Zambrana, Rocío. *Hegel's Theory of Intelligibility*, Chicago: University of Chicago Press, 2015.

64. Zammito, John H. *The Genesis of Kant's "Critique of Judgment"*, Chicago: University of Chicago Press, 1992.

四、外文报刊类

1. Allais Lucy, "Kant, Non-Conceptual Content, and the Representation of Space", *Journal of the History of Philosophy*, Vol.47, No.2（2009）, pp.383–413.

2. Allison Henry, "Kant's Antinomy of Teleological Judgment", *The Southern Journal of Philosophy*, Vol.30, No.5（1992）, pp.25–42.

3. Alznauer Mark, "Hegel on Legal and Moral Responsibility", *Inquiry*, Vol.51, No.4（2008）, pp.365–389.

4. Ameriks Karl, "Hegel's Critique of Kant's Theoretical Philosophy", *Philosophy and Phenomenological Research*, Vol.46, No.1（1985）, pp.1–35.

5. Baumeister David, "Social Conceptions of Moral Agency in Hegel and Sellars", *International Journal of Philosophical Studies*, Vol.25, No.2（2017）, pp.249–265.

6. Baumann Charlotte, "Hegel and Marx on Individuality and the Universal Good", *Hegel Bulletin*, Vol.39, No.1（2016）, pp.61–81.

7. Beiser Frederick C, "Normativity in Neo-Kantianism: Its Rise and

Fall", *International Journal of Philosophical Studies*, Vol.17, No.1 (2009), pp.9–27.

8. Bubner R, "Hegel's Science of Logic: The Completion or Sublation of Metaphysics?" In *The Innovations of Idealism*, Translated by Nicholas Walker, Cambridge: Cambridge University Press, 2003, pp.60-83.

9. Buterin Damion, "Knowledge, Freedom and Willing: Hegel on Subjective Spirit", *Inquiry*, Vol.52, No.1 (2009), pp. 26–52.

10. Chitty Andrew, "Recognition and Property in Hegel and the Early Marx", *Ethical Theory and Moral Practice*, Vol.16, No.4 (2013), pp.685–697.

11. Duncan Samuel, "Hegel on Private Property: A Contextual Reading", *The Southern Journal of Philosophy*, Vol.55, No.3 (2017), pp.263–284.

12. Emundts Dina, "Hegel as a Pragmatist", *British Journal for the History of Philosophy* Vol.23, No.4 (2015), pp.1–21.

13. Finaly Stephen, "The reasons that matter", *Australasian Journal of Philosophy*, Vol.84, No.1 (2006), pp.1–20.

14. Finaly Stephen, "Recent Work on Normativity", *Analysis* Vol.70, No.1 (2010), pp.331–346.

15. Gardner Sebastian, "The Limits of Naturalism and the Metaphysics of German Idealism", In *German Idealism: Contemporary Perspectives*, Espen Hammer (ed.), London: Routledge, 2007, pp.19–49.

16. Ginsborg Hannah, "Primitive Normativity and Skepticism about Rules", *Journal of Philosophy*, Vol.108, No.5 (2011), pp.227–254.

17. Gordon Rupert H, "Modernity, Freedom, and the State: Hegel's Concept of Patriotism", *The Review of Politics*, Vol.62, No.2 (2000), pp.295–325.

18. Horstmann Rolf-Peter, "The Problem of Purposiveness and the Objective Validity of Judgments in Kant's Theoretical Philosophy", *Washington University Jurisprudence Review* Vol.6, No.1 (2013), pp.81–97.

19. Ikechukwu Ozoigbo B, "Hegel and moral responsibility", *International Journal of History and Philosophical Research* Vol.5, No.2 (2007), pp.6–18.

20. James David, "Practical Necessity and Sociability: Kant's Influence on Hegel's Theory of Civil Society", *Hegel-Jahrbuch*, No.1 (2017), pp.341–346.

21. Kreines James, "Hegel's Metaphysics: Changing the Debate", *Philosophy Compass* Vol.1, No.5 (2006), pp.466–480.

22. Martin Christian, "Hegel on Judgments and Posits", *Hegel Bulletin*, Vol.37, No.1 (2016), pp.53–80.

23. Mills Nicolás G, "Realizing the Good: Hegel's Critique of Kantian Morality", *European Journal of Philosophy*, Vol.526, No.1 (2018), pp.195–212.

24. O'Shea James R, "Normativity and Scientific Naturalism in Sellars' 'Janus-Faced' Space of Reasons", *International Journal of Philosophical Studies*, Vol.18, No.3 (2010), pp.459–471.

25. Papazoglou Alexis, "Hegel and Naturalism", *Hegel Bulletin* Vol.33, No.2 (2012), pp.74–90.

26. Pinkard Terry, "Freedom and Social Categories in Hegel's Ethics", *Philosophy and Phenomenological Research* Vol.47, No.2 (1986), pp.209–232.

27. Rand Sebastian, "What's Wrong with Rex? Hegel on Animal Defect and Individuality", *European Journal of Philosophy*, Vol.23, No.1 (2015),

pp.68–86.

28. Reid Jeffrey, "Hegel's Ontological Grasp of Judgement and the Original Dividing of Identity into Difference", *Dialogue*, Vol.45, No.1（2006）, pp.29–43.

29. Riley Patrick, "Rousseau's General Will: Freedom of a Particular Kind", *Political Studies*, Vol.39, No.1（2010）, pp.55–74.

30. Stekeler-Weithofer Pirmin, "A Hegelian Logic of 'Us': Implicit Forms and Explicit Representations of Actions and Practices", *Hegel Bulletin*, Vol.40, No.3（2019）, pp.374–397.

责任编辑：王怡石

图书在版编目（CIP）数据

黑格尔的规范性理论研究 / 马晨 著. -- 北京：人民出版社，2025.3. -- ISBN 978-7-01-027002-9

Ⅰ.B516.35；D903

中国国家版本馆 CIP 数据核字第 2025XB3124 号

黑格尔的规范性理论研究

HEIGE'ER DE GUIFANXING LILUN YANJIU

马晨 著

人民出版社 出版发行
（100706 北京市东城区隆福寺街 99 号）

北京建宏印刷有限公司印刷　新华书店经销

2025 年 3 月第 1 版　2025 年 3 月北京第 1 次印刷
开本：710 毫米 × 1000 毫米 1/16　印张：16.25
字数：240 千字

ISBN 978-7-01-027002-9　定价：96.00 元

邮购地址 100706　北京市东城区隆福寺街 99 号
人民东方图书销售中心　电话（010）65250042　65289539

版权所有·侵权必究
凡购买本社图书，如有印制质量问题，我社负责调换。
服务电话：（010）65250042